물댄
동산

이영훈 지음

교회성장연구소

가족은 하나님께서 우리에게 주신 귀한 선물입니다. 가정은 마음을 쓰는 데 있어 그 어떤 공동체보다 우선되어야 하며, 우리의 마음을 다해 사랑할 수 있는 제1의 선교지가 되어야 합니다.

그러나 때로는 가족이 가장 무거운 십자가가 되어 우리의 삶을 짓누르기도 합니다. 사랑이 깨어지고 서로 상처를 남기는 사이가 되기도 합니다. 그럴 때 가정에서 가장 먼저 회복해야 할 것이 예배입니다. 하나님께서는 가족이 연합하여 찬송하고 마음을 나누며 예수님을 높일 때 그 가정을 책임져 주십니다.

신앙은 부모가 자녀에게 물려줄 수 있는 가장 큰 유산입니다. 자녀가 장성해서 세상과 부딪칠 때 믿음의 뿌리가 없다면 힘없이 넘어질 수 있습니다. 하지만 어렸을 때부터 가정예배를 통해 쌓아 온 믿음이 있다면, 잠시 방황하더라도 곧 제자리를 찾게 됩니다.

가정예배를 결심해 놓고 작심삼일로 끝나도 좋습니다. 작심삼일이 모여 1년이 되고, 2년이 됩니다. 일주일에 한 번이어도 좋습니다. 우리 가정은 무슨 일이 있어도 하나님 앞에 반석이 되겠다는 결단을 세우고 나아가십시오.

『물 댄 동산』은 우리가 신앙생활을 하면서 당면하게 되는 문제와 고민거리들을 '나눔의 시간'과 '결단의 시간'을 통해, 가족 구성원이 함께 나누고 교제할 수 있도록 했습니다. 또한 1~3월, 4~6월, 7~9월, 10~12월 총 네 권으로 구성했으며, 각 시기에 어울리는 주제를 다양하게 다룸으로써 가정에서도 균형 있는 예배를 드릴 수 있도록 했습니다.

부디 『물 댄 동산』을 통해 예배에 승리하여 빛으로 세상을 비추는 가정, 성령 충만한 가정이 되기를 소망합니다.

여의도순복음교회 담임목사 | 이 영 훈

: 목 차

1월 January

2월 February

3월 March

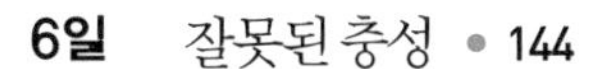

January 사랑_희락_화평

January

1월

1월 1일

열매 맺는 삶

신앙고백 | 사도신경

찬송 | 259, 265장

본문 말씀 | 갈라디아서 5장 22-25절

오직 성령의 열매는 사랑과 희락과 화평과 오래 참음과 자비와 양선과 충성과 온유와 절제니 이같은 것을 금지할 법이 없느니라 그리스도 예수의 사람들은 육체와 함께 그 정욕과 탐심을 십자가에 못 박았느니라 만일 우리가 성령으로 살면 또한 성령으로 행할지니

성령의 열매는 아홉 가지이지만 엄밀히 말하면 복수가 아니라 단수입니다. 마치 한 개의 귤껍질을 벗기면 그 안에 여러 개의 알맹이가 있듯이, 성령의 열매는 아홉 부분으로 이루어진 하나의 열매라고 할 수 있습니다.

우리는 이 열매를 예수님께서 못 박히셨던 십자가의 형상에서 발견할 수 있습니다.

십자가의 수직선은 나와 하나님과의 관계를 나타냅니다. 나와 하나님과의 관계에서 맺어야 하는 성령의 열매는 사랑과 희락과 화평입니다. 십자가의 수평선은 나와 이웃의 관계를 나타내며, 여기에서는 오래 참음과 자비와 양선의 열매를 맺어야 합니다. 그리고 나와 나 자신과의 관계에서는 충성과 온유와 절제의 열매를 맺어야 합니다.

그렇다면 우리는 어떻게 해야 하나님 앞에서 성령의 열매를 맺는 삶을 살 수 있을까요? 그 답은 성령 충만에 있습니다. 우리가 성령으로 충만한 삶을 살 때 아홉 가지 성령의 열매를 풍성하게 맺을 수 있습니다.

나눔의 시간

아홉 가지 성령의 열매 중 내 삶에 가장 부족하다고 생각하는 열매는 무엇입니까? 내 안에 부족한 부분을 채워 나가기 위해서는 어떠한 노력이 필요할지 나눠 봅시다.

결단의 시간

우리는 주님 안에서 '가족'이라는 끈으로 서로 연결되어 있기에 한 사람의 시련이 전체의 시련이 될 수 있습니다. 그러므로 우리 가정을 성령 충만한 가정, 성령의 열매를 맺는 가정으로 만들기 위해서 서로 중보 기도하고 하나 될 수 있도록 결단합시다.

함께하는 기도

하나님 아버지, 우리를 성령 안에서 하나 되게 해주시니 감사합니다. 우리가 항상 성령 충만하여 값진 열매를 맺는 삶을 살게 하여 주옵소서. 예수님의 이름으로 기도합니다. 아멘.

암송 말씀

오직 성령의 열매는 사랑과 희락과 화평과 오래 참음과 자비와 양선과 충성과 온유와 절제니 이같은 것을 금지할 법이 없느니라 _갈라디아서 5:22-23

주기도문

1월 2일

사랑이 없으면

신앙고백 | 사도신경

찬송 | 301, 302장

본문 말씀 | 고린도전서 13장 1-3절

내가 사람의 방언과 천사의 말을 할지라도 사랑이 없으면 소리 나는 구리와 울리는 꽹과리가 되고 내가 예언하는 능력이 있어 모든 비밀과 모든 지식을 알고 또 산을 옮길 만한 모든 믿음이 있을지라도 사랑이 없으면 내가 아무 것도 아니요 내가 내게 있는 모든 것으로 구제하고 또 내 몸을 불사르게 내줄지라도 사랑이 없으면 내게 아무 유익이 없느니라

사랑의 은사는 다른 은사들과 나란히 놓여 있지 않습니다. 사랑은 다른 은사들의 기초에 반드시 있어야 하는 은사입니다.

본문에 기록되어 있는 '방언'과 '예언'과 '믿음'과 '구제'는 고린도 교회의 중요한 은사였습니다. 방언은 성령 충만한 체험을 통해 나타나는 언어입니다. 예언은 하나님의 비밀스러운 지식을 바탕으로 합니다. 믿음은 예수님께서 약속하신 것을 성취하며, 구제는 이웃 사랑의 한 형태로 하나님께서 가장 기뻐하시는 일입니다. 모두 교회에서 간과할 수 없는 중요한 은사입니다.

그러나 본문은 이 은사들 가운데 사랑이 없으면 아무 유익이 없다고 말씀합니다. 기독교의 절대 가치가 사랑이기 때문입니다. 사랑이 없으면 기독교는 그 생명력을 잃을 수밖에 없습니다. 하나님의 본질이 사랑이기 때문입니다.

그러므로 우리 가정은 이 사랑을 기억하고 실천해야 합니다. 하나님을 사랑하기 때문에 예배하고, 하나님을 사랑하기 때문에 가족과 이웃을 사랑하고, 섬겨야 합니다.

나눔의 시간

사회적인 위치나 주위의 강요 때문에 억지로 마음이 없는 봉사와 헌신을 한 적이 있습니까? 그때의 상황과 마음에 대해서 나눠 봅시다.

결단의 시간

하나님을 사랑해야 진정한 예배자가 될 수 있고, 가족과 이웃을 사랑해야 삶의 변화가 일어납니다. 우리의 삶에 있어서 사랑은 제일 중요합니다. 우리의 마음을 사랑으로 채우도록 결단합시다.

함께하는 기도

하나님 아버지, 우리 가정에 사랑이 넘치기를 소망합니다. 하나님을 사랑하므로 감사하며 예배하게 하시고, 이웃을 사랑하므로 헌신하며 봉사하게 하시옵소서. 예수님의 이름으로 기도합니다. 아멘.

암송 말씀

내가 내게 있는 모든 것으로 구제하고 또 내 몸을 불사르게 내줄지라도 사랑이 없으면 내게 아무 유익이 없느니라 _고린도전서 13:3

주기도문

1월 3일

하나님을 얼마나 사랑하십니까

신앙고백 | 사도신경

찬송 | 304, 305장

본문 말씀 | 마태복음 22장 37-40절

예수께서 이르시되 네 마음을 다하고 목숨을 다하고 뜻을 다하여 주 너의 하나님을 사랑하라 하셨으니 이것이 크고 첫째 되는 계명이요 둘째도 그와 같으니 네 이웃을 네 자신 같이 사랑하라 하셨으니 이 두 계명이 온 율법과 선지자의 강령이니라

예수님은 마음을 다하고 목숨을 다하고 뜻을 다하여 하나님을 사랑하는 것이 크고 첫째 되는 계명이라고 말씀하셨습니다.

마음을 다하여 하나님을 사랑하라는 것은 무엇을 하든 하나님을 우선순위에 두고 뜨겁게 사랑하라는 것입니다. 또한, 목숨을 다하여 하나님을 사랑하는 것은 하나님을 위해 자신의 생명을 내어놓을 수 있어야 한다는 뜻입니다.

우리는 하나님을 얼마나 사랑하고 있습니까? 하나님을 만나야 하는 시간에 친구를 만나거나 TV를 보고 있지는 않습니까? 하나님께 드려야 할 것들을 내 만족을 위해 쏟고 있지는 않습니까? 세상의 일을 위해서는 남에게 뒤지지 않으려고 땀 흘리며 온 힘을 다하면서, 하나님을 사랑하는 일에는 대충하고 있지는 않습니까? 과연 그 사랑에 부끄러움이 없는지 되돌아봅시다.

그리고 우리의 모든 것을 다 바쳐 주님을 사랑하고 섬기는 자녀가 될 수 있도록 노력합시다.

나눔의 시간

주일 예배를 위해, 또는 가정예배를 위해 특별히 준비하는 것이 있습니까? 있다면 나눠 보고, 없다면 앞으로 어떤 준비를 할 수 있을지 생각해 봅시다.

결단의 시간

우리가 하나님을 사랑하는 것을 표현하는 최고의 방법은 예배입니다. 그 무엇보다 먼저 예배에 온 힘을 다하기로 결단합시다. 특별히 지금 드리고 있는 가정예배를 위해 온 마음을 쏟을 것을 결단합시다.

함께하는 기도

하나님 아버지, 이 세상 그 무엇보다 하나님을 사랑하기 원합니다. 마음과 목숨을 다해 예배하는 가정이 될 수 있도록 인도해 주옵소서. 특별히 우리의 가정예배가 온전히 드려질 수 있도록 지켜 주옵소서. 예수님의 이름으로 기도합니다. 아멘.

암송 말씀

예수께서 이르시되 네 마음을 다하고 목숨을 다하고 뜻을 다하여 주 너의 하나님을 사랑하라 하셨으니 _마태복음 22:37

주기도문

1월 4일

이웃을 사랑하라

신앙고백 | 사도신경

찬송 | 310, 314장

본문 말씀 | 요한1서 4장 10-12절

사랑은 여기 있으니 우리가 하나님을 사랑한 것이 아니요 하나님이 우리를 사랑하사 우리 죄를 속하기 위하여 화목 제물로 그 아들을 보내셨음이라 사랑하는 자들아 하나님이 이같이 우리를 사랑하셨은즉 우리도 서로 사랑하는 것이 마땅하도다 어느 때나 하나님을 본 사람이 없으되 만일 우리가 서로 사랑하면 하나님이 우리 안에 거하시고 그의 사랑이 우리 안에 온전히 이루어지느니라

하나님을 진심으로 사랑한다면 이 사랑은 이웃 사랑, 형제 사랑으로 나타나야 합니다. 하나님을 사랑한다고 하면서 이웃을 미워하고 핍박한다면 이는 진정한 사랑의 실천이라고 할 수 없습니다.

중요한 것은 우리가 사랑을 베풀어야 할 이웃이 단순히 교회에서 만나는 친구나 내가 좋아하는 사람들에게만 국한되어서는 안 된다는 사실입니다. 하나님의 형상으로 만들어진 모든 사람이 우리와 한 형제요 이웃이기 때문입니다. 나를 시련에 빠트리는 사람이 있습니까? 보기만 해도 밉고 화가 나는 사람이 있습니까? 그 사람도 자세히 살펴보면 하나님의 형상으로 만들어진 하나님의 자녀이며, 우리가 사랑해야 하는 이웃입니다. 물론 나를 힘들게 하는 사람을 사랑하는 일이란 쉽지 않습니다. 그러나 죄로 얼룩진 우리를 사랑하셔서 십자가에 달려 돌아가실 수밖에 없었던 예수님의 사랑을 생각한다면 우리가 사랑하지 못할 이웃은 없습니다. 내가 미워하는 사람도 하나님께서는 사랑하십니다. 하나님께서 예수님의 십자가 사건을 통해 자신의 참 사랑을 나타내신 것처럼 우리도 이웃과 형제를 사랑함으로 참된 성도의 모습을 보여 줄 수 있어야 합니다.

나눔의 시간

지금 나를 핍박하는 사람, 혹은 나를 힘들게 하는 상황이 있습니까? 그 어려움을 극복하기 위해 어떤 노력을 하고 있는지 나눠 봅시다.

결단의 시간

예수님은 우리에게 "서로 사랑하라"고 말씀하셨습니다. 사랑한다고 하면서 표현할 줄 모른다면 그것은 진실한 사랑이라고 말할 수 없습니다. 가족과 이웃에게 사랑을 표현해 봅시다.

함께하는 기도

하나님 아버지, 하나님의 영광을 위해 살아가는 삶과 가정이 되기를 원합니다. 이웃을 배려하며 존중하고 사랑할 수 있는 마음을 주시고, 사랑을 표현하며 실천할 수 있는 용기를 주옵소서. 예수님의 이름으로 기도합니다. 아멘.

암송 말씀

사랑하는 자들아 하나님이 이같이 우리를 사랑하셨은즉 우리도 서로 사랑하는 것이 마땅하도다 _요한1서 4:11

주기도문

1월 5일

희생의 사랑

신앙고백 | 사도신경

찬송 | 292, 296장

본문 말씀 | 로마서 5장 8-10절

우리가 아직 죄인 되었을 때에 그리스도께서 우리를 위하여 죽으심으로 하나님께서 우리에 대한 자기의 사랑을 확증하셨느니라 그러면 이제 우리가 그의 피로 말미암아 의롭다 하심을 받았으니 더욱 그로 말미암아 진노하심에서 구원을 받을 것이니 곧 우리가 원수 되었을 때에 그의 아들의 죽으심으로 말미암아 하나님과 화목하게 되었은즉 화목하게 된 자로서는 더욱 그의 살아나심으로 말미암아 구원을 받을 것이니라

사람은 사랑을 먹고 사는 존재입니다. 사람이 제아무리 언변이 좋고 다양한 지식을 가지고 있다 할지라도 사랑이 없으면 아무런 의미가 없습니다. 이웃을 위해 열심히 봉사한다 할지라도 사랑이 없는 봉사라면 유익이 없다고 성경은 말씀하고 있습니다.

사랑은 남을 판단하기에 앞서 먼저 이해하려고 노력하는 것입니다. 결혼하기 전에는 아름다운 관계였던 사람들이 막상 결혼한 뒤에는 다투고 이혼까지 하는 것은 서로 이해할 줄 모르기 때문입니다. 사람을 판단하기 이전에 그가 왜 그런 일을 했는지 생각하고 이해하고 용납할 때 참 사랑의 사람이 될 수 있습니다.

물론 누군가를 먼저 이해하고 사랑하려고 노력하다 보면 희생이 따릅니다. 희생하지 않는 사랑은 존재할 수 없습니다. 가장 대표적인 희생의 사랑이 바로 예수님의 사랑입니다. 예수님께서는 우리를 향한 사랑을 확증하시기 위해 십자가의 희생을 기꺼이 감당하셨습니다. 그리고 그 희생은 죄로 말미암아 죽을 수밖에 없었던 우리에게 구원과 영생의 기쁨을 안겨 주었습니다.

사랑을 위한 희생은 희생으로만 끝나지 않습니다. 희생에는 사랑을 완성시키는 힘이 있습니다. 그 사랑은 우리에게 참된 기쁨과 환희로 되돌아옵니다.

나눔의 시간

최근 예수님께 사랑을 고백했던 순간이 있었습니까? 또는 가족과 이웃에게 사랑을 표현했던 적이 있습니까? 내가 받은 사랑에 대한 감사의 마음을 나눠 봅시다.

결단의 시간

누군가를 사랑하기 위해서는 이해가 필요합니다. 가족 간에도 마찬가지입니다. 가족 구성원 간의 이해를 위한 대화의 시간을 가져 봅시다. 또한 상대방의 입장에서 생각하고 배려하기로 결단합시다.

함께하는 기도

하나님 아버지, 저희에게 십자가로 하나님의 사랑을 깨닫게 하시니 감사합니다. 우리도 늘 예수님을 본받아 기꺼이 희생하고 사랑하며 살게 해주옵소서. 예수님의 이름으로 기도합니다. 아멘.

암송 말씀

우리가 아직 죄인 되었을 때에 그리스도께서 우리를 위하여 죽으심으로 하나님께서 우리에 대한 자기의 사랑을 확증하셨느니라 _로마서 5:8

주기도문

1월 6일

사랑한다면 표현하라

신앙고백 | 사도신경

찬송 | 218, 220장

본문 말씀 | 사무엘상 18장 1-4절

다윗이 사울에게 말하기를 마치매 요나단의 마음이 다윗의 마음과 하나가 되어 요나단이 그를 자기 생명 같이 사랑하니라 그 날에 사울은 다윗을 머무르게 하고 그의 아버지의 집으로 다시 돌아가기를 허락하지 아니하였고 요나단은 다윗을 자기 생명 같이 사랑하여 더불어 언약을 맺었으며 요나단이 자기가 입었던 겉옷을 벗어 다윗에게 주었고 자기의 군복과 칼과 활과 띠도 그리하였더라

사랑을 제대로 표현하지 못해서 크게 다투는 친구나 연인을 보게 됩니다. 그들은 하나같이 "나는 저 사람을 위해 온 힘을 다 했는데 저 사람은 나를 위해 아무것도 해주지 않았다"고 말합니다. 중요한 사실은 두 사람 모두 사랑을 주기만 했을 뿐 받은 적이 없다고 주장한다는 것입니다. 참 아이러니합니다. 준 사람은 있는데 받은 사람이 없다니 말입니다.

가정상담 전문가 게리 채프먼Gary Chapman은 『5가지 사랑의 언어』에서 "사람은 서로 다른 사랑의 언어를 사용하기 때문에 서로의 언어를 알아야 제대로 된 사랑을 표현할 수 있다"고 말합니다.

부모와 자녀 사이에 있어서도 사랑을 표현하는 언어는 다릅니다. 자녀는 격려와 칭찬을 원하지만 부모는 훈계가 앞섭니다. 부부 사이에서도 마찬가지입니다. 서로 소통할 수 없으니 가정은 점점 대화가 단절되고 불신과 상처만 남게 됩니다.

부모는 자녀를 안아 주고 축복해 주십시오. 자녀는 원하는 것을 부모에게 분명히 말씀하십시오. 부부는 서로 인정하고 독려해 주십시오. 우리는 누군가를 사랑할 때 상대방이 내 마음을 분명하게 알 수 있도록 말과 행동에 더욱 신경을 써서 표현해야 합니다.

나눔의 시간

언제 사랑받고 있다고 느낍니까? 인정하는 말, 친밀한 시간, 선물, 봉사, 신체적 접촉 중 나의 사랑의 언어는 무엇입니까?

결단의 시간

사랑이 넘치는 가정은 기쁨이 넘칩니다. 가정 안에서 상대방이 원하는 사랑의 언어로 사랑을 표현해 봅시다.

함께하는 기도

하나님 아버지, 우리 가정이 사랑의 대화가 풍성히 넘치고 믿음 안에 굳건히 세워지길 원합니다. 서로의 마음을 상하게 하는 말 대신, 격려와 칭찬과 사랑의 말들이 넘치는 가정이 되기를 소망합니다. 예수님의 이름으로 기도합니다. 아멘.

암송 말씀

다윗이 사울에게 말하기를 마치매 요나단의 마음이 다윗의 마음과 하나가 되어 요나단이 그를 자기 생명 같이 사랑하니라 _사무엘상 18:1

주기도문

1월 7일

나의 사랑 안에 거하라

신앙고백 | 사도신경

찬송 | 204, 208장

본문 말씀 | 요한복음 15장 9-12절

아버지께서 나를 사랑하신 것 같이 나도 너희를 사랑하였으니 나의 사랑 안에 거하라 내가 아버지의 계명을 지켜 그의 사랑 안에 거하는 것 같이 너희도 내 계명을 지키면 내 사랑 안에 거하리라 내가 이것을 너희에게 이름은 내 기쁨이 너희 안에 있어 너희 기쁨을 충만하게 하려 함이라 내 계명은 곧 내가 너희를 사랑한 것 같이 너희도 서로 사랑하라 하는 이것이니라

우리가 하나님의 사랑 안에서 서로 사랑하며 살아갈 때 우리 안에는 참된 기쁨이 넘쳐 흐르게 됩니다.

성 어거스틴Saint Augustine은 "사랑만이 하나님의 자녀와 사탄의 자녀를 구분한다"고 말했습니다. '하나님의 자녀'는 언제나 주님의 사랑 안에 살아가기 때문에 무엇을 하든 기쁨과 평안이 넘치지만, '사탄의 자녀'는 남을 원망하고 불평하며 비관적으로 세상을 살아가기 때문에 불안과 우울함이 가득하다는 것입니다.

하나님의 사랑은 한계가 없습니다. 우리를 끝까지 포기하지 않으시며 기다려 주시는 사랑입니다. 그 위대한 사랑이 언제나 우리를 지키며 보호한다는 사실을 깨닫는다면 우리에게는 원망하거나 불평할 것도, 불안할 것도 없습니다. 늘 하나님의 사랑 안에 거하며 그 사랑을 실천한다면 우리에게는 참된 평화와 기쁨이 넘쳐 흐르게 될 것입니다.

나눔의 시간

하나님의 사랑의 크기를 느껴본 적이 있습니까? 하나님의 사랑으로 원망과 불평이 감사와 기쁨으로 변했던 적이 있습니까? 함께 나눠 봅시다.

결단의 시간

화가 나거나 불만족스러운 상황이 생길 때 세상적인 방법으로 해결하기보다는 먼저 하나님께 맡겨 봅시다. 내 감정이 아닌 하나님의 사랑을 힘입어 그 상황을 해결해 나갈 것을 결단합시다.

함께하는 기도

하나님 아버지, 우리 안에 사랑과 기쁨을 가득 부어 주셔서 그 어떤 부정적인 생각도 남아있지 않게 해주옵소서. 언제나 하나님 안에서 사랑을 실천할 수 있는 참된 자녀가 되기를 원합니다. 예수님의 이름으로 기도합니다. 아멘.

암송 말씀

내가 아버지의 계명을 지켜 그의 사랑 안에 거하는 것 같이 너희도 내 계명을 지키면 내 사랑 안에 거하리라 _요한복음 15:10

주기도문

1월 8일

사랑으로 샘솟는 기쁨

신앙고백 | 사도신경

찬송 | 325, 327장

본문 말씀 | 빌립보서 2장 3-8절

아무 일에든지 다툼이나 허영으로 하지 말고 오직 겸손한 마음으로 각각 자기보다 남을 낫게 여기고 각각 자기 일을 돌볼뿐더러 또한 각각 다른 사람들의 일을 돌보아 나의 기쁨을 충만하게 하라 너희 안에 이 마음을 품으라 곧 그리스도 예수의 마음이니 그는 근본 하나님의 본체시나 하나님과 동등됨을 취할 것으로 여기지 아니하시고 오히려 자기를 비워 종의 형체를 가지사 사람들과 같이 되셨고 사람의 모양으로 나타나사 자기를 낮추시고 죽기까지 복종하셨으니 곧 십자가에 죽으심이라

희락은 사랑이 있는 곳에 나타납니다. 주님을 사랑하면 마음이 즐겁고 항상 기쁨이 넘칩니다. 기쁨은 성령의 열매입니다. 데살로니가전서 5장 16절은 “항상 기뻐하라”고 말씀합니다. 이 말씀은 명령형입니다. ‘기뻐하려고 노력하라’가 아니라 ‘기뻐하라’입니다.

우리의 삶을 되돌아봅시다. 혹시 세상의 온갖 시름을 짊어진 얼굴로 다니고 있지는 않습니까? 어떤 사람을 보면 얼굴에 ‘문제 많음’, ‘속상함’이라고 쓰여 있습니다. 그 사람의 옆으로 지나가면 찬바람이 쌩쌩 붑니다. 마음에 기쁨이 없어 보입니다. 예수님을 믿는 사람은 사랑에서 흘러나오는 기쁨이 충만해야 하지만, 그 사람의 얼굴 어디에서도 예수님의 사랑을 찾아볼 수가 없습니다.

그러나 우리 안에 성령님이 임하시면 마음의 불안, 절망, 초조, 걱정, 근심이 떠나가고 하나님께서 주시는 기쁨이 솟아납니다. 이 기쁨을 가지고 하나님을 섬겨야 합니다.

나눔의 시간

함께하면 계속 힘이 나고, 기쁨이 넘치는 사람이 있습니까? 그 사람과 함께하면 왜 기쁨이 넘치는지 생각해 보고 나눠 봅시다.

결단의 시간

아무리 힘들어도 기뻐할 수 있는 것은 우리 안에 성령님이 계시기 때문입니다. 성령님으로 말미암아 어떤 상황 속에서도 기뻐할 것을 결단합시다.

함께하는 기도

하나님 아버지, 우리 마음에 기쁨을 회복시켜 주옵소서. 아무리 답답하고 괴롭고 속상하고 불편한 일이 있어도 기쁨을 잃지 않고 웃게 하여 주옵소서. 예수님의 이름으로 기도합니다. 아멘.

암송 말씀

각각 자기 일을 돌볼뿐더러 또한 각각 다른 사람들의 일을 돌보아 나의 기쁨을 충만하게 하라 _빌립보서 2:4

주기도문

1월 9일

주 안에서 항상 기뻐하라

신앙고백 | 사도신경

찬송 | 518, 418장

본문 말씀 | 빌립보서 4장 4-5절

주 안에서 항상 기뻐하라 내가 다시 말하노니 기뻐하라 너희 관용을 모든 사람에게 알게 하라 주께서 가까우시니라

사도 바울은 빌립보 교회에 보내는 서신에서 무엇보다 기쁨을 강조합니다. 그는 서신의 마지막 부분에 "주 안에서 항상 기뻐하라"고 말하며 성도에게 기뻐할 것을 권면하는데, 그것만으로 부족했는지 "내가 다시 말하노니 기뻐하라"며 기쁨을 재차 강조하고 있습니다. 기뻐하되 항상 기뻐하라는 것입니다.

물론 이러한 권면은 누구나 할 수 있습니다. 그러나 놀랍게도 빌립보서를 기록할 당시 바울은 감옥에 갇힌 처지였습니다. 그는 자유가 통제된 상황에 있었고 미래를 예측할 수 없었습니다. 그런 그가 빌립보 교회 성도들에게 기뻐하라고 권면한 것입니다.

불평과 불만으로 가득한 사람이 누군가에게 기뻐하라고 권면할 수 있겠습니까? 바울은 비록 자유를 빼앗긴 암담한 상황에 있었지만 주 안에서 기쁠 수 있었기에 빌립보서를 기록할 수 있었던 것입니다.

고난이 찾아오면 기쁠 수가 없습니다. 항상 기뻐하는 것이 말처럼 쉬운 일은 아닙니다. 그러나 우리가 '주 안에 있으면' 가능합니다. 내가 주 안에 거하고 주 안에서 기뻐하면 주님께서 주시는 평안함이 내 안에 가득해집니다. 염려와 근심, 걱정이 사라집니다.

그러므로 우리는 어떤 어려움이 다가와도 마음에 기쁨을 빼앗기면 안 됩니다. 하나님께서 나의 아버지가 되시고 내가 주님 안에 거한다면, 좋은 환경에서는 좋아서 기쁘고 나쁜 환경에서는 좋게 해주실 것을 믿기 때문에 기쁠 수 있는 것입니다.

나눔의 시간

삶 속에서 가장 기뻤던 때는 언제입니까? 반대로 가장 큰 절망에 빠진 때는 언제입니까? 그 순간을 어떻게 이길 수 있었습니까? 함께 나눠 봅시다.

결단의 시간

이 시간 서로의 얼굴을 마주하고 크게 웃으며 기쁨을 표현해 봅시다. 주님께서 가족을 주시고 예배를 드릴 수 있도록 허락해 주신 것을 감사합시다.

함께하는 기도

하나님 아버지, 우리 가정이 범사에 감사하며 기뻐할 수 있는 가정이 되도록 인도해 주옵소서. 특별히 가정예배가 기쁨의 예배가 될 수 있도록 역사해 주옵소서. 예수님의 이름으로 기도합니다. 아멘.

암송 말씀

주 안에서 항상 기뻐하라 내가 다시 말하노니 기뻐하라 _빌립보서 4:4

주기도문

1월 10일

즐거움이 마르면

신앙고백 | 사도신경

찬송 | 435, 438장

본문 말씀 | 요엘 1장 12-14절

포도나무가 시들었고 무화과나무가 말랐으며 석류나무와 대추나무와 사과나무와 밭의 모든 나무가 다 시들었으니 이러므로 사람의 즐거움이 말랐도다 제사장들아 너희는 굵은 베로 동이고 슬피 울지어다 제단에 수종드는 자들아 너희는 울지어다 내 하나님께 수종드는 자들아 너희는 와서 굵은 베 옷을 입고 밤이 새도록 누울지어다 이는 소제와 전제를 너희 하나님의 성전에 드리지 못함이로다 너희는 금식일을 정하고 성회를 소집하여 장로들과 이 땅의 모든 주민들을 너희 하나님 여호와야훼**의 성전으로 모으고 여호와**야훼**께 부르짖을지어다**

하나님의 심판이 시작되면 아무도 즐거울 수 없습니다. 하나님의 은혜가 그친 땅에는 황폐함만이 남기 때문입니다. 그곳에는 곡식과 포도나무 열매, 기름이 떨어지고 밭의 모든 나무가 다 시들게 됩니다. 그때가 되면 성전에서 소제와 전제를 드리지 못할 정도로 참혹한 상황이 벌어집니다.

죄 때문에 거룩함을 잃어버린 사람의 상황도 마찬가지입니다. 아담은 선악과를 먹지 말라는 하나님의 말씀을 어기고 죄를 지어 에덴동산에서 쫓겨났습니다. 우리아의 아내를 범한 다윗은 밧세바와의 사이에서 낳은 첫 아들을 잃었습니다. 이들은 하나님 말씀에 순종하지 않고 범죄했기 때문에 하나님의 심판을 받은 것입니다. 이러한 상황은 슬픔을 넘어 악몽에 가깝습니다.

요엘은 사람의 즐거움이 말랐을 때 금식일을 정하고 여호와야훼께 부르짖으라고 말합니다. 회개하고 간구하는 것이 잃어버린 희락을 회복하는 열쇠이기 때문입니다.

혹시 지금 내 영적 상황이 과실이 마르고 꽃이 시든 것처럼 메마르지는 않았습니까? 그렇다면 먼저 하나님 앞에 나아가 회개하고 부르짖어야 합니다. 기도로 거룩함을 회복해야 합니다.

나눔의 시간

이유 없이 우울해지고 매사에 자신감이 없어질 때가 있습니까? 그때의 상황에 대해서 자세히 나눠 봅시다.

결단의 시간

삶의 진정한 희락을 누리려면 거룩함이 회복되어야 합니다. 가정 안에서 하나님의 자녀로서 거룩하지 못했던 부분이 있다면 이 시간 회개하고, 새로운 삶을 살기로 결단합시다.

함께하는 기도

하나님 아버지, 우리 가정이 늘 거룩하여 기쁨으로 충만하게 하여 주옵소서. 하나님께서 기뻐하시는 가정이 될 수 있도록 인도해 주옵소서. 예수님의 이름으로 기도합니다. 아멘.

암송 말씀

너희는 금식일을 정하고 성회를 소집하여 장로들과 이 땅의 모든 주민들을 너희 하나님 여호와(야훼)의 성전으로 모으고 여호와(야훼)께 부르짖을지어다 _요엘 1:14

주기도문

1월 11일

첫사랑의 감격을 회복하라

신앙고백 | 사도신경

찬송 | 441, 442장

본문 말씀 | 잠언 8장 28-31절

그가 위로 구름 하늘을 견고하게 하시며 바다의 샘들을 힘 있게 하시며 바다의 한계를 정하여 물이 명령을 거스르지 못하게 하시며 또 땅의 기초를 정하실 때에 내가 그 곁에 있어서 창조자가 되어 날마다 그의 기뻐하신 바가 되었으며 항상 그 앞에서 즐거워하였으며 사람이 거처할 땅에서 즐거워하며 인자들을 기뻐하였느니라

아담과 하와가 처음 하나님과 동행할 때는 그들의 삶에 기쁨과 즐거움이 가득했습니다. 마치 처음 사랑을 하는 연인처럼, 하나님과 가장 가까운 곳에서 늘 하나님께 영광 돌리는 삶을 살았습니다. 그러나 이러한 행복은 그들이 죄를 지음과 동시에 산산이 부서졌습니다. 하나님과의 관계가 깨어지고 결국 에덴동산에서 살 수 없을 지경이 되었습니다. 그들의 삶에 근심과 염려가 시작된 것입니다.

신앙생활을 하다 보면 우리에게도 비슷한 단계가 찾아옵니다. 나를 향한 그분의 사랑에 감격해 매일 하나님과 동행하며 행복을 누리는 나날이 있는가 하면, 하나님과 멀어진 것만 같은 때도 있습니다.

우리는 일상에서 매일 첫사랑의 감격을 회복해야 합니다. 첫사랑에 빠졌을 때의 열정으로 하나님께 다가가야 합니다. 십자가를 묵상하고 예배함으로 날마다 주 안에서 기쁨을 회복할 때, 주께서 마음의 소원을 이루어 주시고 날마다 첫사랑의 감격을 회복하도록 인도해 주실 것입니다.

나눔의 시간

하나님의 사랑을 처음으로 느꼈던 때를 기억합니까? 하나님께서 나와 함께 계시다는 사실에 감격했던 경험이 있다면 나눠 봅시다.

결단의 시간

학교나 직장에서 아무리 힘들어도 집에 오면 마음이 편안해지는 것처럼, 우리는 예수님과 함께할 때 최고의 기쁨을 누릴 수 있습니다. 어떤 상황에서도 예수님의 손을 놓지 않겠다고 결단합시다.

함께하는 기도

하나님 아버지, 우리가 늘 첫사랑의 감격을 기억하며 하나님과 동행하기를 소망합니다. 잠시 감격을 잃어버렸을지라도 우리와 동행하시는 하나님을 믿음으로써 흔들리지 않는 가정이 될 수 있도록 해주옵소서. 예수님의 이름으로 기도합니다. 아멘.

암송 말씀

내가 그 곁에 있어서 창조자가 되어 날마다 그의 기뻐하신 바가 되었으며 항상 그 앞에서 즐거워하였으며 _잠언 8:30

주기도문

1월 12일

박해를 받은 자는 복이 있나니

신앙고백 | 사도신경

찬송 | 455, 456장

본문 말씀 | 마태복음 5장 10-12절

의를 위하여 박해를 받은 자는 복이 있나니 천국이 그들의 것임이라 나로 말미암아 너희를 욕하고 박해하고 거짓으로 너희를 거슬러 모든 악한 말을 할 때에는 너희에게 복이 있나니 기뻐하고 즐거워하라 하늘에서 너희의 상이 큼이라 너희 전에 있던 선지자들도 이같이 박해하였느니라

어느 누구도 박해받는 것을 즐거워하지 않습니다. 힘들게 고생하거나 사람들의 손가락질을 받으며 사는 삶을 좋아할 사람이 누가 있겠습니까? 그러나 성경은 의를 위하여 박해를 받는 것에 대해 기뻐하고 즐거워하라고 말씀합니다.

'의'는 예수 그리스도로 말미암아 하나님께서 세우신 인류의 구원을 의미합니다. 즉 의를 위하여 박해받는다는 것은 복음 전파와 하나님 나라를 위해 헌신하는 것입니다. 헌신이란 자기를 부인하고 자기 십자가를 지는 것입니다. 내 권리와 주장을 포기하는 것입니다. 이 일은 누구도 쉽게 기뻐할 수 없는 일입니다.

그런데도 하나님은 그 헌신에 대해서 기뻐하고 즐거워하라고 말씀하십니다. 우리가 이 세상에서 포기하지 못하고 움켜쥐려는 것보다 더 큰 상이 하나님 나라에 준비되어 있기 때문입니다.

그리스도인은 눈앞에 보이는 것보다, 보이지 않는 것에 집중해야 합니다.

즉 하나님 나라를 바라보는 사람이어야 합니다. 이 세상의 부귀영화보다 하나님 나라의 상급을 기대하는 사람이 참 그리스도인입니다.

나눔의 시간

하나님을 믿는다는 이유로 좋지 않은 말을 듣거나 불이익을 당한 적이 있습니까? 그때의 일을 나눠 봅시다.

결단의 시간

그리스도인은 하나님 나라를 위해 헌신하는 사람이어야 합니다. 무슨 일이 있어도 하나님을 놓지 않고 참된 그리스도인으로 살아갈 것을 결단합시다.

함께하는 기도

하나님 아버지, 천국이 우리 삶의 우선순위가 되기를 소망합니다. 비록 박해를 받더라도 그 일이 우리에게는 기쁨이요, 복이 되게 하여 주옵소서. 예수님의 이름으로 기도합니다. 아멘.

암송 말씀

기뻐하고 즐거워하라 하늘에서 너희의 상이 큼이라 너희 전에 있던 선지자들도 이같이 박해하였느니라 _마태복음 5:12

주기도문

1월 13일

참된 기쁨

신앙고백 | 사도신경

찬송 | 85, 86장

본문 말씀 | 히브리서 12장 1-3절

이러므로 우리에게 구름 같이 둘러싼 허다한 증인들이 있으니 모든 무거운 것과 얽매이기 쉬운 죄를 벗어 버리고 인내로써 우리 앞에 당한 경주를 하며 믿음의 주요 또 온전하게 하시는 이인 예수를 바라보자 그는 그 앞에 있는 기쁨을 위하여 십자가를 참으사 부끄러움을 개의치 아니하시더니 하나님 보좌 우편에 앉으셨느니라 너희가 피곤하여 낙심하지 않기 위하여 죄인들이 이같이 자기에게 거역한 일을 참으신 이를 생각하라

예수님의 삶과 사역을 들여다 보면, 예수님이야말로 굳건한 믿음 생활의 모델이시라는 것을 알게 됩니다. 더불어 이 세상에서 그리스도를 따르는 삶이 얼마나 기쁘고 감사한 일인지 깨닫게 합니다.

예수님의 삶과 사역은 한마디로 '하나님께서 주신 사명의 길을 기쁨과 즐거움으로 걸어가신 삶' 이었습니다. 그 길은 고난의 길이고 아픔의 길이었지만, 예수님은 기꺼이 그 길을 걸어가셨습니다. 결코 불평하거나 억지로 하지 않으셨습니다. 예수님께서 그렇게 하실 수 있었던 이유는, 그 사명의 길을 가는 것이야말로 하나님께서 가장 기뻐하시는 일이라는 사실을 아셨기 때문입니다.

우리 역시 진정한 그리스도인이 되고자 한다면, 평생 하나님만으로 즐거워하고, 하나님께서 주신 사명이라면 어떤 것이든지 기쁘게 따를 각오가 되어 있어야 합니다. 그리고 예수 그리스도가 가신 그 길을 기쁨으로 따를 수 있어야 합니다.

나눔의 시간

나를 가장 평안하고 만족하게 하는 것은 무엇입니까? 또한 지금 나를 기쁘게 하는 것은 무엇입니까? 함께 나눠 봅시다.

결단의 시간

그리스도인의 기쁨과 세상의 기쁨은 본질적으로 다릅니다. 그리스도인의 참된 기쁨은 하나님의 백성으로 살아가는 것에서 나옵니다. 세상에서 기쁨을 찾았던 우리의 모습을 회개하고 끊어내기로 결단합시다.

함께하는 기도

하나님 아버지, 예수님만이 우리 삶의 기쁨이 되실 수 있습니다. 이 시간 예수님을 바라보지 못하게 하는 세상적인 쾌락을 과감하게 끊어내기를 원합니다. 믿음과 용기를 주옵소서. 예수님의 이름으로 기도합니다. 아멘.

암송 말씀

믿음의 주요 또 온전하게 하시는 이인 예수를 바라보자 그는 그 앞에 있는 기쁨을 위하여 십자가를 참으사 부끄러움을 개의치 아니하시더니 하나님 보좌 우편에 앉으셨느니라 _히브리서 12:2

주기도문

1월 14일

기쁨의 좋은 소식

신앙고백 | 사도신경

찬송 | 180, 182장

본문 말씀 | 누가복음 2장 10-14절

천사가 이르되 무서워하지 말라 보라 내가 온 백성에게 미칠 큰 기쁨의 좋은 소식을 너희에게 전하노라 오늘 다윗의 동네에 너희를 위하여 구주가 나셨으니 곧 그리스도 주시니라 너희가 가서 강보에 싸여 구유에 뉘어 있는 아기를 보리니 이것이 너희에게 표적이니라 하더니 홀연히 수많은 천군이 그 천사들과 함께 하나님을 찬송하여 이르되 지극히 높은 곳에서는 하나님께 영광이요 땅에서는 하나님이 기뻐하신 사람들 중에 평화로다 하니라

'복음'의 헬라어 '유앙겔리온'은 '즐겁다, 기쁘다, 희락이 넘친다'는 뜻이 담겨 있습니다. 따라서 본문은 복음을 '온 백성에게 미칠 큰 기쁨의 좋은 소식'이라고 소개합니다.

복음이 우리에게 기쁨이 될 수 있는 이유는, 복음이 곧 예수 그리스도의 이야기이기 때문입니다. 예수님께서는 이 땅에 오셔서 온 인류의 죄를 대신해 돌아가셨고, 장사한 지 사흘만에 부활하심으로 모든 죄에서부터 우리를 해방시키셨습니다. 또한 예수님의 성육신과 십자가 사건을 통해서 하나님의 사랑이 확증되었고롬 5:8, 우리에게는 구원의 길이 열렸습니다. 그뿐만 아니라 병든 자와 귀신 들린 자가 회복되고 죄인들이 하나님의 자녀가 되는 역사가 일어났습니다. 이는 세상 그 어떤 이야기보다 귀하고 복된 소식입니다.

성경 번역가 윌리엄 틴데일William Tyndale은 "복음은 상처 입은 자를 기쁘게 하고 찬송하게 하고 춤추게 하고 기쁨으로 뛰놀게 한다"고 말했습니다. 복음 안에는 회복과 구원이 있습니다. 예수님을 알고 만나면 우리 삶은 그 어떤 저주에서도 풀어지며 병이 낫고 죄에서 해방됩니다. 기쁨으로 충만할 수밖에 없는 것입니다.

나눔의 시간

십자가를 볼 때 생기는 특별한 마음이 있습니까? 나에게 십자가는 어떤 의미인지 함께 나눠 봅시다.

결단의 시간

복음이 나에게 기쁜 소식인 만큼 우리는 이 소식을 전해야 할 의무가 있습니다. 내가 전한 기쁜 소식을 듣고 더욱 많은 사람이 주님을 만나 삶의 기쁨을 되찾을 수 있도록 결단합시다.

함께하는 기도

하나님 아버지, 죄인인 저를 구원해 주시고 자녀로 삼아 주셔서 감사합니다. 예수님의 십자가 사랑으로 우리의 삶이 회복되고 구원받은 줄 믿습니다. 예수님의 이름으로 기도합니다. 아멘.

암송 말씀

천사가 이르되 무서워하지 말라 보라 내가 온 백성에게 미칠 큰 기쁨의 좋은 소식을 너희에게 전하노라 _누가복음 2:10

주기도문

1월 15일

성령 충만의 기쁨

신앙고백 | 사도신경

찬송 | 183, 185장

본문 말씀 | 로마서 14장 17-18절

하나님의 나라는 먹는 것과 마시는 것이 아니요 오직 성령 안에 있는 의와 평강과 희락이라 이로써 그리스도를 섬기는 자는 하나님을 기쁘시게 하며 사람에게도 칭찬을 받느니라

육신의 쾌락은 잠시 있다 사라지는 것입니다. 쾌락이 지나간 자리에는 깊은 공허감만 남습니다. 세상이 주는 쾌락으로 육신은 잠시 만족할 수 있어도 우리의 영은 만족하지 못합니다. 우리의 영은 성령으로 충만할 때 참된 기쁨을 누릴 수 있습니다.

성경 속 인물 중에는 기뻐할 수 없는 상황에서도 참된 기쁨의 예배를 드렸던 사람이 등장합니다. 가장 대표적인 인물이 다윗입니다. 다윗은 자신을 죽이려고 혈안이 되어 있는 사울을 피해 광야에서 도망자의 생활을 하면서도 하나님을 가장 아름답게 찬양한 시편을 기록했습니다. 시편은 그야말로 감사와 기쁨의 찬양입니다. 이는 성령님께서 함께하시지 않았다면 결코 흘러나올 수 없는 노래입니다.

이처럼 기쁨은 하나님의 속성이며, 하나님께서 주시는 성령의 열매입니다. "형제들아 기뻐하라 온전하게 되며 위로를 받으며 마음을 같이하며 평안할지어다 또 사랑과 평강의 하나님이 너희와 함께 계시리라" 고후 13:11 참된 기쁨을 누리려면 하나님과 동행하며, 성령으로 충만해야 합니다.

나눔의 시간

분명 친구들과 즐겁게 시간을 보내고 헤어졌는데, 그 후에 왠지 모를 공허감에 빠진 적이 있습니까? 어떤 상황이었는지 나눠 봅시다.

결단의 시간

진정한 행복은 하나님께만 있습니다. 이 행복을 누리기 위해서는 성령으로 충만해야 합니다. 늘 성령님을 모시고 동행하기로 결단합시다.

함께하는 기도

하나님 아버지, 진정한 기쁨을 누리는 삶과 가정이 되기를 원합니다. 하나님과 동행하는 삶, 성령으로 충만한 가정이 되기를 소망합니다. 예수님의 이름으로 기도합니다. 아멘.

암송 말씀

하나님의 나라는 먹는 것과 마시는 것이 아니요 오직 성령 안에 있는 의와 평강과 희락이라 _로마서 14:17

주기도문

1월 16일

굳건한 믿음

신앙고백 | 사도신경

찬송 | 540, 545장

본문 말씀 | 골로새서 2장 1-5절

내가 너희와 라오디게아에 있는 자들과 무릇 내 육신의 얼굴을 보지 못한 자들을 위하여 얼마나 힘쓰는지를 너희가 알기를 원하노니 이는 그들로 마음에 위안을 받고 사랑 안에서 연합하여 확실한 이해의 모든 풍성함과 하나님의 비밀인 그리스도를 깨닫게 하려 함이니 그 안에는 지혜와 지식의 모든 보화가 감추어져 있느니라 내가 이것을 말함은 아무도 교묘한 말로 너희를 속이지 못하게 하려 함이니 이는 내가 육신으로는 떠나 있으나 심령으로는 너희와 함께 있어 너희가 질서 있게 행함과 그리스도를 믿는 너희 믿음이 굳건한 것을 기쁘게 봄이라

사도 바울은 골로새 교회 성도들의 믿음이 굳건한 것을 알고 기뻐했습니다. 본문에서 '굳건한 것'이라고 번역된 헬라어 '스테레오마'는 군인들이 임전무퇴臨戰無退의 자세로 확고히 서 있는 것을 의미합니다.

이처럼 어떠한 환경 속에서도 굳세게 버티는 믿음은 보는 이에게 큰 도전을 줍니다. 만일 우리에게 이러한 믿음이 있다면 주님께서 얼마나 기뻐하실까요?

자신을 잘 다스릴 수 있는 것이 굳건한 믿음의 증거요, 그것이 바로 성령 충만한 모습입니다. 우리가 항상 성령 충만하여 그 어떠한 세상의 유혹에도 쓰러지지 않고, 굳건한 믿음으로 삶에서 온전한 그리스도의 모습을 나타낼 때, 우리는 주님께서 주시는 영원한 참 기쁨을 맛볼 수 있습니다.

나눔의 시간

낙심과 고난 중에서 믿음으로 승리한 적이 있습니까? 믿음을 갖기 전과 후에 어떤 변화가 있었는지 나누어 봅시다.

결단의 시간

기쁨의 주체는 환경이 아니라 마음입니다. 우리의 마음과 생각을 예수 그리스도에 대한 믿음으로 굳건하게 할 것을 결단합시다.

함께하는 기도

하나님 아버지, 굳건한 믿음으로 어떤 역경도 이기는 삶과 가정이 되기를 소망합니다. 믿음으로 기쁨이 넘치는 삶, 주님께서 기뻐하는 가정이 되도록 역사해 주옵소서. 예수님의 이름으로 기도합니다. 아멘.

암송 말씀

이는 내가 육신으로는 떠나 있으나 심령으로는 너희와 함께 있어 너희가 질서 있게 행함과 그리스도를 믿는 너희 믿음이 굳건한 것을 기쁘게 봄이라 _골로새서 2:5

주기도문

1월 17일

율법을 즐거워하여

신앙고백 | 사도신경

찬송 | 357, 366장

본문 말씀 | 시편 1편 1-3절

복 있는 사람은 악인들의 꾀를 따르지 아니하며 죄인들의 길에 서지 아니하며 오만한 자들의 자리에 앉지 아니하고 오직 여호와야훼의 율법을 즐거워하여 그의 율법을 주야로 묵상하는도다 그는 시냇가에 심은 나무가 철을 따라 열매를 맺으며 그 잎사귀가 마르지 아니함 같으니 그가 하는 모든 일이 다 형통하리로다

유대인들은 율법을 묵상할 때 뜻을 생각하면서 낮은 목소리로 중얼거리듯이 읽거나 외웠습니다. 그들은 율법에 대해서 '그것을 지키지 않으면 심판을 받는다'는 부정적인 의미로 생각하지 않았습니다. 오히려 하나님께서 자기 백성을 사랑하셔서 삶에 도움이 되도록 친절하게 베푸신 가르침이라 생각하였습니다. 그래서 유대인들은 율법을 지키고 행할 때마다 하나님께 감사하며 즐거워 했습니다.

우리는 하나님의 말씀을 늘 가까이하며 그 말씀에 순종하는 삶을 살아야 합니다. 악인의 꾀와 죄인의 길, 오만한 자의 자리는 하나님께서 기뻐하시는 자리가 아닙니다. 거짓된 행동, 교만한 생각, 내 이익을 위해 타인을 속이는 일은 세상적인 시각으로 보면 지혜로워 보일 수 있으나 최종적으로는 우리에게 아무런 유익이 되지 못합니다.

그리스도인은 세상이 주는 즐거움이 아니라 하나님 안에서 기쁨과 즐거움을 누려야 합니다. 시냇가에 심은 나무가 철을 따라 열매를 맺고 그 잎사귀가 마르지 않는 것처럼, 우리는 하나님의 말씀대로 살아야 합니다. 하나님께서 주시는 형통한 삶을 기대하며 바라보아야 합니다.

나눔의 시간

옳지 못한 일이라는 것을 알면서도 내 유익을 위해 행동으로 옮겼던 경험이 있습니까? 옳지 못한 행동을 하고 후회했던 경험이 있다면 그때의 상황에 대해서 나눠 봅시다.

결단의 시간

하나님께서 주시는 즐거움을 누리려면 말씀을 묵상해야 합니다. 하나님의 말씀을 더 가까이 하기 위해 시간과 마음과 정성을 쏟기로 결단합시다.

함께하는 기도

하나님 아버지, 세상의 것으로부터 우리의 마음을 지켜 주옵소서. 우리 가족이 형통한 삶을 살아가도록 인도해 주옵서. 예수님의 이름으로 기도합니다. 아멘.

암송 말씀

오직 여호와(야훼)의 율법을 즐거워하여 그의 율법을 주야로 묵상하는도다 _시편 1:2

주기도문

1월 18일

악령이 그에게서 떠나더라

신앙고백 | 사도신경

찬송 | 546, 549장

본문 말씀 | 사무엘상 16장 21-23절

다윗이 사울에게 이르러 그 앞에 모셔 서매 사울이 그를 크게 사랑하여 자기의 무기를 드는 자로 삼고 또 사울이 이새에게 사람을 보내어 이르되 원하건대 다윗을 내 앞에 모셔 서게 하라 그가 내게 은총을 얻었느니라 하니라 하나님께서 부리시는 악령이 사울에게 이를 때에 다윗이 수금을 들고 와서 손으로 탄즉 사울이 상쾌하여 낫고 악령이 그에게서 떠나더라

사울은 이스라엘의 첫 번째 왕으로 세워졌지만 하나님 말씀에 불순종하는 죄를 지어 결국 하나님께로부터 버림을 받게 되었습니다. 그 이후 사울은 하나님께서 부리시는 악령 때문에 번뇌하게 되었습니다. 그의 영혼에 평강이 사라지고 절망과 슬픔이 가득 차게 된 것입니다. 그러나 놀랍게도 다윗이 수금을 탈 때 만큼은 악령이 사울에게서 떠났습니다. 그 덕에 사울은 오랜만에 상쾌함과 회복을 경험했습니다.

다윗에게서 이런 영향력이 나올 수 있었던 이유는 성령 충만의 능력이 있었기 때문입니다. "사무엘이 기름 뿔병을 가져다가 그의 형제 중에서 그에게 부었더니 이 날 이후로 다윗이 여호와야훼의 영에게 크게 감동되니라"삼상 16:13 성령 충만했던 다윗의 찬양은 사울에게 있던 악령을 떠나가게 만들었습니다.

예루살렘에 임한 성령이 온 유대와 사마리아와 땅끝까지 그 영향력을 확대한 것처럼, 성령의 능력이 우리 안에 기쁨을 회복시키면 나 자신뿐 아니라 주변의 사람들에게도 그 기쁨이 전해집니다.

나눔의 시간

만나면 기분이 밝아지는 사람이 있는 반면 만나기만 하면 우울해지는 사람도 있습니다. 나는 다른 사람에게 어떤 영향력을 끼치고 있는지 나눠 봅시다.

결단의 시간

우리가 주님 안에서 참 기쁨을 누리려면 늘 성령님과 동행해야 합니다. 이를 위해 예배와 말씀과 기도의 자리를 사모하고 항상 가까이 하기로 결단합시다.

함께하는 기도

하나님 아버지, 우리를 악한 영으로부터 구원하시는 성령의 능력을 회복하도록 인도해 주옵소서. 성령님께서 주시는 기쁨이 회복되기를 소망합니다. 예수님의 이름으로 기도합니다. 아멘.

암송 말씀

하나님께서 부리시는 악령이 사울에게 이를 때에 다윗이 수금을 들고 와서 손으로 탄즉 사울이 상쾌하여 낫고 악령이 그에게서 떠나더라 _사무엘상 16:23

주기도문

1월 19일

평안하라

신앙고백 | 사도신경

찬송 | 405, 407장

본문 말씀 | 야고보서 3장 17-18절

오직 위로부터 난 지혜는 첫째 성결하고 다음에 화평하고 관용하고 양순하며 긍휼과 선한 열매가 가득하고 편견과 거짓이 없나니 화평하게 하는 자들은 화평으로 심어 의의 열매를 거두느니라

성령의 세 번째 열매인 '화평'은 헬라어로 '에이레네'입니다. 이 단어는 '함께하다', '연관되다'와 같은 관계 지향적인 의미를 가지고 있습니다. 히브리어로는 '샬롬'과 같은 의미입니다. 샬롬은 유대인들에게 전쟁과 같은 불안한 상황 가운데서도 주님 안에서 '평안하라'는 인사말로 쓰입니다. 하나님과 함께하는 사람은 어떠한 상황에서도 평안할 수 있다는 뜻이 그 안에 담겨 있습니다.

천사 가브리엘은 마리아에게 예수님의 출생을 예고하면서 이렇게 선포합니다. "은혜를 받은 자여 평안할지어다 주께서 너와 함께 하시도다"눅 1:28 처녀가 임신했다는 소식을 들었는데 은혜를 받았으니 평안하라고 명령합니다. 불안과 공포가 공존하는 당황스러운 상황 속에서 은혜나 평안이라는 단어는 어울리지 않습니다. 그럼에도 가브리엘이 마리아에게 평안하라고 명령할 수 있었던 이유는 주님께서 함께하시기 때문입니다. 하나님의 동행이 평안을 가져온 것입니다.

나눔의 시간

힘들고 어려운 상황에 처했을 때 가족으로부터 위로받은 적이 있습니까? 어떤 말이나 행동이 위로가 되었는지 고백해 봅시다.

결단의 시간

어떤 상황에서도 평안을 잃지 않으려면 늘 나와 동행해 주시는 하나님을 기억해야 합니다. 하나님과 동행하기 위해 항상 기뻐하고, 쉬지 말고 기도하며, 범사에 감사하기로 결단합시다.

함께하는 기도

하나님 아버지, 우리가 믿음으로 평안을 누리는 자녀가 되기 원합니다. 또한 어디를 가든 화평을 전하는 빛의 자녀가 되게 하옵시고, 어떤 상황에서도 하나님 때문에 기뻐하고, 기도하며, 감사할 수 있도록 인도해 주옵소서. 예수님의 이름으로 기도합니다. 아멘.

암송 말씀

화평하게 하는 자들은 화평으로 심어 의의 열매를 거두느니라 _야고보서 3:18

주기도문

1월 20일

주님의 평안

신앙고백 | 사도신경

찬송 | 471, 478장

본문 말씀 | 요한복음 14장 25-28절

내가 아직 너희와 함께 있어서 이 말을 너희에게 하였거니와 보혜사 곧 아버지께서 내 이름으로 보내실 성령 그가 너희에게 모든 것을 가르치고 내가 너희에게 말한 모든 것을 생각나게 하리라 평안을 너희에게 끼치노니 곧 나의 평안을 너희에게 주노라 내가 너희에게 주는 것은 세상이 주는 것과 같지 아니하니라 너희는 마음에 근심하지도 말고 두려워하지도 말라 내가 갔다가 너희에게로 온다 하는 말을 너희가 들었나니 나를 사랑하였더라면 내가 아버지께로 감을 기뻐하였으리라 아버지는 나보다 크심이라

우리는 살아가면서 수없이 많은 걱정에 휩싸입니다. 사업하는 사람은 오르지 않는 매출 걱정을 하고, 직장인들은 실적이 생기지 않아 걱정합니다. 맘 편할 것 같은 학생들도 마찬가지입니다. 요즘 학생들은 성적이 오르지 않아 걱정, 친구와 관계가 틀어져 걱정, 부모님과의 갈등에서 오는 걱정, 좋아하는 연예인을 보지 못해서 걱정, 온통 걱정뿐입니다.

우리는 무언가 불안한 일이 생기면 환경을 탓합니다. 걱정거리들이 환경에서 온다고 생각합니다. 그러나 불안은 환경이 아니라 마음가짐에서 옵니다. 무슨 일이 생겨도 하나님께서 우리 삶을 지켜 주실 것을 믿고 긍정의 마음을 갖는다면 걱정할 일은 아무것도 없습니다.

성경은 "모든 지킬 만한 것 중에 더욱 네 마음을 지키라 생명의 근원이 이에서 남이니라"잠 4:23고 말씀합니다. 어려운 일이 생길 때 모든 마음의 짐을 내려놓고 십자가를 바라보십시오. 나를 위해 목숨까지 버리신 이 땅의 주관자 예수님께서 나를 사랑하시는데 무엇이 걱정입니까? 그리스도인의 마음에 언제나 평안함이 가득한 이유가 바로 여기에 있습니다.

나눔의 시간

무거운 마음의 짐을 감당하기 힘들었던 때가 있습니까? 그 상황과 마음에 대해서 나눠 봅시다.

결단의 시간

예수님만이 우리의 마음을 평안하게 하실 수 있습니다. 늘 주님과 동행하여 어떤 상황에서도 흔들리지 않는 평안한 삶을 살기로 결단합시다.

함께하는 기도

하나님 아버지, 우리의 마음을 평안하게 하실 수 있는 유일한 분은 오직 예수님이십니다. 어떤 상황과 환경 속에서도 예수님을 잊지 않는 신앙으로 예수님께서 주시는 평안을 맛보는 가정이 되기를 소망합니다. 예수님의 이름으로 기도합니다. 아멘.

암송 말씀

평안을 너희에게 끼치노니 곧 나의 평안을 너희에게 주노라 내가 너희에게 주는 것은 세상이 주는 것과 같지 아니하니라 너희는 마음에 근심하지도 말고 두려워하지도 말라
_요한복음 14:27

주기도문

1월 21일

은혜와 평강

신앙고백 | 사도신경

찬송 | 300, 303장

본문 말씀 | 에베소서 1장 1-3절

하나님의 뜻으로 말미암아 그리스도 예수의 사도 된 바울은 에베소에 있는 성도들과 그리스도 예수 안에 있는 신실한 자들에게 편지하노니 하나님 우리 아버지와 주 예수 그리스도로부터 은혜와 평강이 너희에게 있을지어다 찬송하리로다 하나님 곧 우리 주 예수 그리스도의 아버지께서 그리스도 안에서 하늘에 속한 모든 신령한 복을 우리에게 주시되

은혜는 값없이 주시는 선물입니다. 우리는 은혜 없이 살 수 없습니다. '하나님의 은혜' 라는 찬양 중에 이런 가사가 있습니다.

한량없는 은혜. 갚을 길 없는 은혜. 내 삶을 에워싸는 하나님의 은혜.

은혜는 우리가 선한 일을 했다고 받는 것도 아니고, 우리의 의로움 때문에 받는 것도 아닙니다. 은혜는 하나님께서 우리에게 값없이 주시는 선물입니다. 문제는 은혜를 받고도 그것이 은혜인 줄 모르는 것입니다. 우리가 이 땅에서 믿음 생활을 열심히 하며 살아갈 수 있다는 것이 은혜이며, 매일 먹을 음식과 입을 옷이 있다는 것이 은혜입니다. 생각해 보면 내가 살아갈 때 누리는 모든 것이 은혜입니다. 은혜가 아닌 것이 없습니다.

화평은 이러한 은혜의 결과로 우리 삶에 나타나는 열매 중 하나입니다. 은혜 받은 사람들의 마음은 항상 평안합니다. 그러므로 우리는 매일 "주님, 오늘도 내게 은혜와 평강이 충만하게 하여 주셔서 감사합니다. 내 마음에 기쁨과 평화가 넘쳐 나게 하여 주셔서 감사합니다"라고 기도해야 합니다.

나눔의 시간

'하나님의 은혜가 아니고서는 있을 수 없는 일'이라고 생각하는 사건이 있습니까? 또는 간절히 원했던 것에 응답받은 경험이 있습니까? 함께 나눠 봅시다.

결단의 시간

주님의 은혜를 기억하는 사람만이 화평을 누릴 수 있습니다. 주님께 받은 은혜를 기억하고 전하는 삶을 살기로 결단합시다.

함께하는 기도

하나님 아버지, 우리 가정에 은혜와 평강을 넘치게 부어 주옵소서. 예배 중에 받은 은혜를 기억하게 하시고, 평강을 누리도록 인도해 주옵소서. 예수님의 이름으로 기도합니다. 아멘.

암송 말씀

하나님 우리 아버지와 주 예수 그리스도로부터 은혜와 평강이 너희에게 있을지어다
_에베소서 1:2

주기도문

1월 22일

성소의 휘장

신앙고백 | 사도신경

찬송 | 252, 254장

본문 말씀 | 마가복음 15장 37-39절

예수께서 큰 소리를 지르시고 숨지시니라 이에 성소 휘장이 위로부터 아래까지 찢어져 둘이 되니라 예수를 향하여 섰던 백부장이 그렇게 숨지심을 보고 이르되 이 사람은 진실로 하나님의 아들이었도다 하더라

예수님께서 십자가에 달려 "다 이루었다"고 말씀하시며 숨을 거두셨을 때 성소의 휘장이 위로부터 아래까지 찢어져 내렸습니다. 이 휘장은 두께가 약 15센티미터, 길이가 60피트약 18미터 정도로 크기도 어마어마했을 뿐만 아니라, 양 옆에서 황소가 잡아끌어도 찢어지지 않는 아주 두껍고 질긴 천이었습니다.

휘장은 성소와 지성소 사이를 가로막고 있는 것으로, 휘장을 통과해야만 지성소로 들어갈 수 있었습니다. 지성소에는 언약궤와 속죄소가 있어서, 대제사장은 이곳에 들어가 백성을 대신해 하나님 앞에 속죄제를 드렸습니다. 만일 하나님 앞에 죄가 있는 사람이 이 휘장을 통과해 지성소로 들어가면 목숨을 잃었습니다. 대제사장도 일 년에 한 번만 들어갈 수 있었습니다.

휘장은 하나님과 인간 사이에 죄로 가로막힌 담을 의미합니다. 그런데 예수님께서 십자가에서 "다 이루었다"고 하실 때 그 두꺼운 휘장이 양쪽으로 쫙 갈라졌습니다. 이 사건은 하나님과 인간 사이에 죄로 막혀 있던 담이 허물어졌음을 의미합니다. 십자가에서 구원의 문이 열린 것입니다. 그렇기 때문에 우리가 일생토록 자랑해야 할 것은 예수님의 십자가뿐입니다.

나눔의 시간

자녀와 부모 사이에, 형제, 또는 부부 사이에, 소통을 막는 담이 있지는 않습니까? 혹시 그동안 말 못했던 어려움이 있었다면 이 시간 속 시원히 대화하는 시간을 가져 봅시다.

결단의 시간

가정과 이웃의 화평을 위해서는 소통의 단절을 허물어야 합니다. 언제든 서로의 마음을 나눌 수 있는 가족이 되기로 결단합시다.

함께하는 기도

하나님 아버지, 예수님의 십자가 은혜를 기억합니다. 성소의 휘장을 찢으신 주님의 화평을 본받기 원합니다. 우리에게 맡겨진 십자가를 감당할 수 있는 믿음과 용기를 주옵소서. 예수님의 이름으로 기도합니다. 아멘.

암송 말씀

이에 성소 휘장이 위로부터 아래까지 찢어져 둘이 되니라 예수를 향하여 섰던 백부장이 그렇게 숨지심을 보고 이르되 이 사람은 진실로 하나님의 아들이었도다 하더라
_마가복음 15:38-39

주기도문

1월 23일

사망의 음침한 골짜기에서

신앙고백 | 사도신경

찬송 | 353, 354장

본문 말씀 | 시편 23편 1-4절

여호와야훼**는 나의 목자시니 내게 부족함이 없으리로다 그가 나를 푸른 풀밭에 누이시며 쉴 만한 물 가로 인도하시는도다 내 영혼을 소생시키시고 자기 이름을 위하여 의의 길로 인도하시는도다 내가 사망의 음침한 골짜기로 다닐지라도 해를 두려워하지 않을 것은 주께서 나와 함께 하심이라 주의 지팡이와 막대기가 나를 안위하시나이다**

사람은 누구나 고난을 두려워합니다. 고난이 우리의 몸과 마음에 주는 영향이 적지 않기 때문입니다. 경제적인 고난, 육체적인 고난, 심리적으로 찾아오는 고난은 우리의 삶을 고통스럽게 만듭니다. 그래서 사람들은 고난이 오지 않기를 바라고, 그러다가 고난이 닥치면 쉽게 낙담하고 좌절합니다. 그리스도인이라고 해서 다르지 않습니다. 누구나 고난이 자신의 삶에서 피해 가기를 바랍니다.

그러나 중요한 것은 삶에 있어서 한 번도 고난을 경험하지 않고 살아갈 수는 없다는 것입니다. 만약 지나칠 수 없다면 어떻게 하는 것이 현명할까요? 그것은 고난이 닥쳐왔을 때, 그것을 이겨 낼 수 있도록 대비를 하는 것입니다.

다윗은 "내가 사망의 음침한 골짜기로 다닐지라도 해를 두려워하지 않을 것은 주께서 나와 함께 하심이라 주의 지팡이와 막대기가 나를 안위하시나이다"라고 고백합니다. 이것은 생명이 위태로운 고난 가운데서도 하나님께서 함께하시면 고난을 두려워하지 않겠다는 고백입니다. 나를 지켜 주시는 주님의 지팡이와 막대기를 믿고 기억하겠다는 것입니다.

나눔의 시간

살면서 가장 힘들었을 때를 생각해 봅시다. 그때 나를 지켜 주셨던 주님의 보호하심과 인도하심에 대해서 나눠 봅시다.

결단의 시간

양들이 가장 안전한 시간은 목자와 함께하는 시간입니다. 우리가 하나님과 함께하는 시간이 많아질수록 우리 마음은 더욱 평안해집니다. 주님을 묵상하고 예배하는 시간을 더욱 늘려 나가기로 결단합시다.

함께하는 기도

하나님 아버지, 사망의 음침한 골짜기를 다닐지라도 우리를 안전하게 인도하고 보호해 주실 주님을 믿습니다. 우리가 처한 상황이 어떠하든 주님의 지팡이와 막대기로 우리 가정을 인도해 주옵소서. 예수님의 이름으로 기도합니다. 아멘.

암송 말씀

내가 사망의 음침한 골짜기로 다닐지라도 해를 두려워하지 않을 것은 주께서 나와 함께 하심이라 주의 지팡이와 막대기가 나를 안위하시나이다 _시편 23:4

주기도문

1월 24일

풍랑 속에서

신앙고백 | 사도신경

찬송 | 369, 370장

본문 말씀 | 마태복음 14장 24-27절

배가 이미 육지에서 수 리나 떠나서 바람이 거스르므로 물결로 말미암아 고난을 당하더라 밤 사경에 예수께서 바다 위로 걸어서 제자들에게 오시니 제자들이 그가 바다 위로 걸어오심을 보고 놀라 유령이라 하며 무서워하여 소리 지르거늘 예수께서 즉시 이르시되 안심하라 나니 두려워하지 말라

인생은 마치 바다와 같습니다. 바다의 풍랑처럼 인생도 크고 작은 문제의 물결이 쉴새 없이 출렁거리고 큰 환난과 풍파가 다가옵니다. 개인, 가정, 대인 관계, 직장, 사업의 문제 등이 우리 삶에 끊임없이 반복됩니다. 그래서 인생을 고난의 바다라고 부르기도 합니다. 인생에 있어 가장 중요한 사안은 '어떻게 이 고난의 바다를 헤쳐 나가느냐' 에 있습니다.

고난을 이기는 최상의 방법은 '하나님과 동행' 하는 것입니다. 하나님과 함께하지 않으면 고난을 이길 힘도 사라집니다. 아담과 하와가 죄를 짓고 두려움에 빠진 것은 하나님과 멀어졌기 때문입니다. 예수님의 제자들이 갈릴리 바다에서 풍랑을 보고 우왕좌왕한 것도 예수님과 함께 있지 않았기 때문입니다.

우리도 마찬가지입니다. 예수님과 동행하지 않으면 그 순간부터 고난을 이겨 낼 수 없습니다. 풍랑을 보고 지레 겁먹은 제자들처럼 두려움에 빠집니다. 따라서 우리는 늘 주님 곁에 있어야 합니다. 그럴 때 우리 삶의 풍랑을 잠잠하게 해주실 주님의 능력으로 모든 문제를 이겨 낼 수 있습니다.

나눔의 시간

나는 지금 하나님과 얼마나 친밀한 관계를 맺어 나가고 있습니까? 내가 아는 하나님, 내가 만난 하나님을 소개해 봅시다.

결단의 시간

가족이나 지인 중에 고난에 빠진 사람이 있습니까? 예수님께서 하신 것처럼 그들과 함께함으로 힘이 되어 줄 것을 결단합시다.

함께하는 기도

하나님 아버지, 고난 중에서도 평안을 잃지 않는 가정이 되기를 원합니다. 언제나 주님과 동행하며, 주님의 마음으로 어려움에 처해 있는 사람들을 위로하는 가정이 될 수 있도록 인도해 주옵소서. 예수님의 이름으로 기도합니다. 아멘.

암송 말씀

예수께서 즉시 이르시되 안심하라 나니 두려워하지 말라 _마태복음 14:27

주기도문

1월 25일

모든 지각에 뛰어난 하나님의 평강

신앙고백 | 사도신경

찬송 | 342, 345장

본문 말씀 | 빌립보서 4장 6-7절

아무 것도 염려하지 말고 다만 모든 일에 기도와 간구로, 너희 구할 것을 감사함으로 하나님께 아뢰라 그리하면 모든 지각에 뛰어난 하나님의 평강이 그리스도 예수 안에서 너희 마음과 생각을 지키시리라

하나님의 지각은 사람의 지혜로는 가늠조차 할 수 없습니다. 우리의 감각과 경험과 상상과 지혜를 뛰어넘는 것입니다. 그런 하나님께서 내 삶을 주장하시고 지켜 주십니다. 문제가 생기고 해결되는 모든 과정이 하나님 손에 달려 있습니다.

따라서 우리는 인간적인 지식과 생각으로 도저히 해결할 수 없는 일이 생겼을 때 혼자서 고민하지 말고 곧바로 하나님께 기도해야 합니다. 가장 먼저 하나님께 나와 "제가 어떻게 해야 합니까?"라고 질문해야 합니다. 그때에 '모든 지각에 뛰어난 하나님의 평강'이 우리의 마음과 생각을 지키십니다.

이러한 하나님의 평강이 우리를 지켜주시면 우리는 '기도하면 응답받는다'는 원리를 체험하게 됩니다. 또 다른 염려가 생긴다 할지라도 당연히 나를 지키실 하나님을 알기에 흔들리지 않을 수 있습니다.

특별히, '지키시리라'는 단어는 '호위하다'라는 군대 용어에서 나온 말입니다. 이처럼 우리가 기도할 때 하나님께서는 평강이라는 파수꾼을 보내셔서 모든 염려로부터 우리의 마음을 호위해 주실 것입니다.

나눔의 시간

위기의 순간, 내가 생각하지 못한 곳에서 일이 해결되었던 경험이 있습니까? 있다면 함께 나눠 봅시다.

결단의 시간

하나님을 의지하고, 하나님께서 주시는 평강을 누리려면 기도해야 합니다. 하나님께 질문하고, 하나님께서 주시는 말씀에 순종해야 합니다. 이를 위해 가정예배, 묵상, 기도의 시간을 갖기로 결단합시다.

함께하는 기도

하나님 아버지, 우리가 우리의 생각대로 결정하고 행동하는 가정이 아니라, 기도하는 가정이 되기를 원합니다. 하나님의 말씀에 순종함으로 근심과 염려로부터 보호받도록 인도해 주옵소서. 예수님의 이름으로 기도합니다. 아멘.

암송 말씀

그리하면 모든 지각에 뛰어난 하나님의 평강이 그리스도 예수 안에서 너희 마음과 생각을 지키시리라 _빌립보서 4:7

주기도문

1월 26일

안식할 때

신앙고백 | 사도신경

찬송 | 9, 10장

본문 말씀 | 히브리서 4장 9-11절

그런즉 안식할 때가 하나님의 백성에게 남아 있도다 이미 그의 안식에 들어간 자는 하나님이 자기의 일을 쉬심과 같이 그도 자기의 일을 쉬느니라 그러므로 우리가 저 안식에 들어가기를 힘쓸지니 이는 누구든지 저 순종하지 아니하는 본에 빠지지 않게 하려 함이라

예수님께서 십자가에 달려 돌아가심으로 뜻을 다 이루시고 안식하신 것처럼, 우리도 이제 고된 삶의 무게를 내려놓고 안식할 수 있습니다.

그렇다면 우리가 어떻게 해야 안식에 들어갈 수 있을까요? 주님께서 이루신 은혜를 받아들이기만 하면 됩니다. 예수님께서는 우리를 대신해 십자가에 못 박혀 돌아가셨습니다. 그때 흘리신 피로 우리의 과거, 현재, 미래의 죄를 다 용서해 주셨습니다. 그 은혜를 받아들이는 것만으로도 우리는 죄의 문제에서 해방될 수 있습니다. 하나님께서 우리에게 보내 주신 거룩한 영, 성령님을 환영하고 인정하고 모심으로 성결케 될 수 있습니다.

이뿐만이 아닙니다. 예수님께서 채찍에 맞으심으로 질병의 문제를 해결하셨다는 사실을 믿고 받아들이는 것만으로도 우리는 질병의 문제에서 자유할 수 있습니다. 이는 저주에서의 해방을 의미합니다. 예수님께서 십자가에 달리셔서 인간의 저주를 대신 해결해 주신 것입니다.

우리는 주님의 십자가 능력을 믿고 말씀에 순종해야 합니다. 그러면 주님의 안식이 우리의 안식이 되며, 예수님 안에서 참 평안을 누릴 수 있습니다.

나눔의 시간

최근 마음의 평안과 육체의 쉼을 얻었던 적이 있습니까? 그때의 상황에 대해서 나눠 봅시다.

결단의 시간

주님의 은혜를 기억하고 믿는 것이 평안과 안식의 열쇠입니다. 그리고 그 평안과 안식은 예배 가운데 누릴 수 있습니다. 우리의 가정예배가 이런 예배가 될 수 있도록 항상 충실히 임할 것을 결단합시다.

함께하는 기도

하나님 아버지, 예수님께서 채찍에 맞음으로 우리가 나음을 입었고, 십자가에 달려 돌아가심으로 모든 저주에서 해방되었음을 믿습니다. 우리의 삶이 주님 안에서 늘 평안합니다. 예수님의 이름으로 기도합니다. 아멘.

암송 말씀

그러므로 우리가 저 안식에 들어가기를 힘쓸지니 이는 누구든지 저 순종하지 아니하는 본에 빠지지 않게 하려 함이라 _히브리서 4:11

주기도문

1월 27일

깊은 바다 신앙으로

신앙고백 | 사도신경

찬송 | 420, 423장

본문 말씀 | 시편 85편 8-11절

내가 하나님 여호와야훼께서 하실 말씀을 들으리니 무릇 그의 백성, 그의 성도들에게 화평을 말씀하실 것이라 그들은 다시 어리석은 데로 돌아가지 말지로다 진실로 그의 구원이 그를 경외하는 자에게 가까우니 영광이 우리 땅에 머무르리이다 인애와 진리가 같이 만나고 의와 화평이 서로 입맞추었으며 진리는 땅에서 솟아나고 의는 하늘에서 굽어보도다

'갈대 같은 마음' 이라는 말이 있습니다. 하루가 다르게 흔들리는 사랑의 감정을 표현할 때 주로 사용하는 말입니다. 그러나 그 사랑도 깊어지면 한결같아집니다. 조금 다투더라도 언제 그랬냐는 듯 서로 이해하게 됩니다.

우리와 하나님의 관계도 그러해야 합니다. 우리는 첫 사랑의 감동을 항상 기억하되, 요동하지 않는 성숙한 신앙생활을 해야 합니다. 하나님을 더욱 사랑하고, 그 사랑 안에 거하면서 평안을 누려야 합니다.

사랑이 깊어지면 그 마음은 마치 깊은 바다와 같아집니다. 깊은 바다는 요동하는 법이 없습니다. 반면에 바닷가는 시시때때로 밀물과 썰물이 생기고 파도가 칩니다. 성숙한 신앙인은 바닷가 신앙이 아닌 깊은 바다 신앙의 모습을 갖춰야 합니다. 나를 괴롭히는 거친 파도라도 언젠가는 지나갈 것이라는 믿음으로 대처해야 합니다. 그럴 때 그 어떤 세상의 공격이 다가와도 담대히 헤쳐나갈 수 있습니다.

나눔의 시간

친구들의 놀림이나 주변의 괴롭힘을 참지 못하고 화를 냈던 적이 있습니까? 혹시 서로 마음이 상해 큰 싸움으로 번지지는 않았었는지 그때의 상황을 나눠 봅시다.

결단의 시간

마음의 여유가 있으면 불편한 일이 생겨도 지혜롭게 넘길 수 있습니다. 마음의 여유는 주님이 주시는 평안이 있을 때 누릴 수 있습니다. 내 안에 주님의 평안이 있다는 사실을 믿으며, 어떠한 상황에서도 여유롭게 대처하기로 결단합시다.

함께하는 기도

하나님 아버지, 우리 가정이 그 어떠한 환난 풍파에도 깊은 바다처럼 요동하지 않는 신앙을 갖기 원합니다. 우리 삶이 주님 생각, 주님 은혜로 충만하도록 인도해 주옵소서. 예수님의 이름으로 기도합니다. 아멘.

암송 말씀

내가 하나님 여호와야훼께서 하실 말씀을 들으리니 무릇 그의 백성, 그의 성도들에게 화평을 말씀하실 것이라 그들은 다시 어리석은 데로 돌아가지 말지로다 _시편 85:8

주기도문

1월 28일

평안의 복음

신앙고백 | 사도신경

찬송 | 510, 516장

본문 말씀 | 에베소서 6장 14-17절

그런즉 서서 진리로 너희 허리 띠를 띠고 의의 호심경을 붙이고 평안의 복음이 준비한 것으로 신을 신고 모든 것 위에 믿음의 방패를 가지고 이로써 능히 악한 자의 모든 불화살을 소멸하고 구원의 투구와 성령의 검 곧 하나님의 말씀을 가지라

사도 바울은 가죽으로 만든 로마 군단의 '칼리가' caliga를 바탕으로 복음의 신을 설명합니다. 칼리가는 발가락 부분이 뚫려 있고, 바닥에는 무거운 징이 박혀 있으며, 발목과 정강이를 장식이 있는 끈으로 묶은 것으로, 군인이 견고한 자세를 유지하며 오랫동안 행군할 수 있도록 해주는 신발입니다. 또한 기동성을 방해하지 않으면서 발이 미끄러지는 것을 막아 줍니다. 오랜 시간 행군해야 하는 군인에게 있어서 칼리가는 필수적인 도구입니다.

우리가 복음을 전할 때에는 이 칼리가와 같은 모습으로 준비되어져야 합니다. 쉽게 흔들리거나 무너지지 않는 단단한 마음가짐이 필요합니다. 그러한 모습은 우리 안에 평안이 있을 때 나타납니다. 그리스도인은 어떠한 상황에서도 다투거나 성내지 않고 화평케 하시는 예수님을 증거해야 합니다. '전도 대상자' 들의 악의적인 질문에도 은혜롭게 대답할 준비가 되어 있어야 합니다. 악의를 악의로 반응하면 전도의 기회를 잃고 맙니다. 마음 상하는 말을 들을지라도 요동하지 않아야 합니다. 나와 내 주위를 화평케 하는 사람이야말로 진정한 그리스도인이라고 할 수 있습니다.

나눔의 시간

복음을 전했던 경험이 있습니까? 그때 나의 기분이 어땠는지, 그리고 복음을 접한 상대방의 반응은 어땠는지 나눠 봅시다.

결단의 시간

평안의 복음을 전하기 위해 우리가 할 수 있는 것은 무엇이 있습니까? 우리가 물질이나 시간을 들여 헌신할 수 있는 영역을 찾아보고 그곳에서 복음을 전하기로 결단합시다.

함께하는 기도

하나님 아버지, 제가 가는 곳마다 평안하기를 원합니다. 저와 우리 가정이 화평케 하는 도구로 사용되게 하여 주옵소서. 우리에게 복음을 전할 수 있는 힘과 용기를 주옵소서. 예수님의 이름으로 기도합니다. 아멘.

암송 말씀

평안의 복음이 준비한 것으로 신을 신고 _에베소서 6:15

주기도문

1월 29일

화목하게 하는 직분

신앙고백 | 사도신경

찬송 | 321, 335장

본문 말씀 | 고린도후서 5장 17-19절

그런즉 누구든지 그리스도 안에 있으면 새로운 피조물이라 이전 것은 지나갔으니 보라 새 것이 되었도다 모든 것이 하나님께로서 났으며 그가 그리스도로 말미암아 우리를 자기와 화목하게 하시고 또 우리에게 화목하게 하는 직분을 주셨으니 곧 하나님께서 그리스도 안에 계시사 세상을 자기와 화목하게 하시며 그들의 죄를 그들에게 돌리지 아니하시고 화목하게 하는 말씀을 우리에게 부탁하셨느니라

예수님께서는 스스로 화목제물이 되어 십자가에 달려 돌아가셨습니다. 화목제란 죄로 단절된 하나님과 우리의 관계를 다시 회복시키기 위해 구약시대에 행했던 제사를 말하며, 그때 드려졌던 제물이 화목제물입니다. 당시에는 화목제물로 양, 비둘기와 같은 동물이 사용되었습니다. 그러나 예수님께서는 온 인류의 죄를 씻으시기 위해 스스로 제물이 되기로 작정하시고 이 땅에 오셨습니다.

우리는 몸소 화목제물이 되셨던 예수님의 모습을 본받아 '작은 예수'의 삶을 살아야 합니다. 이를 통해 예수님께서 우리를 구원하시고, 하나님과 화목하게 하신 일을 세상에 전해야 합니다.

또한 우리는 예수님처럼 세상을 화목하게 하는 일을 감당해야 합니다. 서로 다투고 분열시키는 것이 아니라 사람을 섬기고 사랑해야 합니다. 그러므로 우리는 섬김과 희생으로 가정과 직장과 학교에서 화목하게 하는 직분을 감당해야 합니다.

나눔의 시간

가족 구성원의 희생과 섬김이 내 마음에 감동을 준 적이 있습니까? 그 일에 대해서 감사하는 마음을 나눠 봅시다.

결단의 시간

내 희생과 섬김이 누군가를 기쁘게 하고 가정을 회복시킬 수 있습니다. 오늘 가정을 위해서 내가 할 수 있는 섬김이 무엇인지 살피고 이를 실천하기로 결단합시다.

함께하는 기도

하나님 아버지, 우리에게 주님의 사랑과 은혜로 희생하며 섬길 수 있는 마음을 허락해 주옵소서. 어디에 가든 그곳에서 화목하게 하는 직분을 감당하게 하옵소서. 예수님의 이름으로 기도합니다. 아멘.

암송 말씀

모든 것이 하나님께로서 났으며 그가 그리스도로 말미암아 우리를 자기와 화목하게 하시고 또 우리에게 화목하게 하는 직분을 주셨으니 _고린도후서 5:18

주기도문

1월 30일

담을 허물라

신앙고백 | 사도신경

찬송 | 452, 453 장

본문 말씀 | 에베소서 2장 11-14절

그러므로 생각하라 너희는 그 때에 육체로는 이방인이요 손으로 육체에 행한 할례를 받은 무리라 칭하는 자들로부터 할례를 받지 않은 무리라 칭함을 받는 자들이라 그 때에 너희는 그리스도 밖에 있었고 이스라엘 나라 밖의 사람이라 약속의 언약들에 대하여는 외인이요 세상에서 소망이 없고 하나님도 없는 자이더니 이제는 전에 멀리 있던 너희가 그리스도 예수 안에서 그리스도의 피로 가까워졌느니라 그는 우리의 화평이신지라 둘로 하나를 만드사 원수 된 것 곧 중간에 막힌 담을 자기 육체로 허시고

유대인과 이방인 사이에는 적대감으로 쌓아올린 담이 있습니다. 헤롯이 예루살렘에 복원한 성전을 살펴보면 그 담을 발견할 수 있습니다. 성전은 건물 자체가 높은 언덕 위에 건설되었습니다. 그 주위를 둘러싸고 제사장의 뜰이 있었고, 동쪽으로 이스라엘의 뜰과 그 뒤에는 여자들의 뜰이 자리했습니다. 이처럼 제사장과 평신도를 위한 뜰이 모두 성전과 같은 높이에 있었습니다.

이곳에서 다섯 계단을 내려오면 벽으로 둘러싸인 연단이 있었고, 열네 걸음을 가면 한쪽 벽에서 다른 편 벽에 닿게 되는데, 그 너머에 있는 것이 바로 이방인의 뜰이 있었습니다. 널찍한 뜰은 성전 주위와 성전 안뜰을 둘러싸고 있었습니다. 그리고 이방인의 뜰과 유대인의 뜰을 가로막은 1.5미터 두께의 담에는 '침입자는 처형된다' 는 말이 쓰여 있었습니다.

그래서 이방인은 어디에서든지 성전을 바라볼 수는 있었지만 그 안에 들어갈 수는 없었습니다. 예수님께서 그 담을 허시기 전까지는 말입니다. 예수님께서 십자가에 달려 돌아가심으로 유대인과 이방인 사이의 적대감의 담을 허시고 화평케 하셨습니다. 함께할 수 없었던 사람들을 하나 되게 하셨습니다.

나눔의 시간

함께하기 껄끄럽거나 불편한 사람이 있습니까? 그 사람을 칭찬하는 시간을 가져 봅시다.

결단의 시간

예수님께서 화목제가 되어 나와 하나님의 관계가 회복된 것처럼, 우리도 화평을 이루기 위해 십자가를 져야 합니다. 오늘 우리 가정과 내가 속한 공동체를 위해 먼저 헌신하고 기도하기로 결단합시다.

함께하는 기도

하나님 아버지, 우리를 화평하게 하시려고 십자가를 지신 예수님의 은혜를 기억합니다. 오늘 우리가 가정을 위해 서로의 십자가를 함께 질 수 있도록 믿음과 용기를 주옵소서. 예수님의 이름으로 기도합니다. 아멘.

암송 말씀

그는 우리의 화평이신지라 둘로 하나를 만드사 원수 된 것 곧 중간에 막힌 담을 자기 육체로 허시고 _에베소서 2:14

주기도문

1월 31일

예수님 안에서 하나 됨

신앙고백 | 사도신경

찬송 | 208, 210장

본문 말씀 | 갈라디아서 3장 26-28절

너희가 다 믿음으로 말미암아 그리스도 예수 안에서 하나님의 아들이 되었으니 누구든지 그리스도와 합하기 위하여 세례침례를 받은 자는 그리스도로 옷 입었느니라 너희는 유대인이나 헬라인이나 종이나 자유인이나 남자나 여자나 다 그리스도 예수 안에서 하나이니라

초대 교회 당시인 2천여 년 전에는 사람들 사이에 신분 차이가 컸습니다. 그중에서도 가장 낮은 신분이었던 노예는 물건 취급을 당할 정도로 인격이 무시되었습니다. 그들은 단순히 집안일을 처리해 주는 차원의 사람이 아니었습니다. 때로는 동물보다도 못한 대우를 받을 정도였습니다.

그런데 예수님을 믿는 가정이 변화하기 시작했습니다. 노예를 '형제', '자매'로 부르면서 인격적으로 대우했습니다. 다른 가정에서는 도저히 일어날 수 없는 변화가 그리스도인의 가정에서 일어난 것입니다. 이러한 변화는 예수님의 사랑이 있었기에 가능했습니다.

우리는 그리스도 안에서 하나입니다. 배운 사람과 못 배운 사람, 부유한 사람과 가난한 사람의 구별 없이 그리스도인의 사랑 안에서 한 형제요 한 지체입니다. 요한복음 17장을 보면, 예수님께서 십자가에 달리시기 전 제자들을 위해 다음과 같이 기도하셨습니다. "거룩하신 아버지여 내게 주신 아버지의 이름으로 그들을 보전하사 우리와 같이 그들도 하나가 되게 하옵소서" 요 17:11 우리는 가정이 하나 되고 교회가 하나 될 수 있도록 기도해야 합니다. 그 안에서 사랑이 넘치고 주님의 모습이 드러나기를 기대해야 합니다.

나눔의 시간

혹시 누군가를 차별했거나, 차별대우를 당했던 경험이 있습니까? 왜 그런 경험을 하게 되었는지 나눠 봅시다.

결단의 시간

이웃을 험담하거나 업신여긴 적은 없었는지 되돌아봅시다. 이 시간 함께 회개하며 하나님의 사랑을 실천하는 가정이 되기로 결단합시다.

함께하는 기도

하나님 아버지, 우리 가정이 다툼과 미움 없이 언제나 화목할 수 있도록 인도해 주옵소서. 자녀를 존중하고, 부모를 공경하며, 형제 자매를 인정해 주는 가정이 되기를 소망합니다. 예수님의 이름으로 기도합니다. 아멘.

암송 말씀

너희는 유대인이나 헬라인이나 종이나 자유인이나 남자나 여자나 다 그리스도 예수 안에서 하나이니라 _갈라디아서 3:28

주기도문

February

오래 참음_자비_양선

2월

February

2월 1일

고난을 감당할 힘

신앙고백 | 사도신경

찬송 | 337, 338장

본문 말씀 | 고린도후서 6장 4-8절

오직 모든 일에 하나님의 일꾼으로 자천하여 많이 견디는 것과 환난과 궁핍과 고난과 매 맞음과 갇힘과 난동과 수고로움과 자지 못함과 먹지 못함 가운데서도 깨끗함과 지식과 오래 참음과 자비함과 성령의 감화와 거짓이 없는 사랑과 진리의 말씀과 하나님의 능력으로 의의 무기를 좌우에 가지고 영광과 욕됨으로 그러했으며 악한 이름과 아름다운 이름으로 그러했느니라 우리는 속이는 자 같으나 참되고

사도 바울은 하나님을 섬기면서 참 많은 고난을 당했습니다. 매를 맞고 감옥에 갇히는 것은 물론, 잠을 자거나 먹는 것조차 해결하지 못할 때가 있었습니다. 성경에 기록된 바울의 환난과 고난은 풍요로운 시대에 살아가는 우리로서는 상상조차 하기 어려운 일들입니다.

그러나 그는 고난을 당하면서도 복음을 전하는 일을 포기하지 않았습니다. 복음을 증거하는 일이야말로 그의 삶에 가장 가치 있는 일이요, 자신의 생명보다도 더 중요한 일이었기 때문입니다. 심지어 바울은 자신을 박해하는 사람에게조차 복음을 전했습니다. 과연 내 얼굴에 침을 뱉는 사람에게 예수님의 사랑을 전할 수 있겠습니까? 그러나 바울은 자신을 박해하는 사람들에게도 복음이 전해지기를 바랐기에 그들에게 대항하지 않고 오래 참을 수 있었습니다.

이처럼 성경이 말하는 오래 참음은 하나님의 사랑과 은혜의 복음을 위해서, 그리고 하나님의 영광을 위하여 핍박과 고난, 수치와 모욕을 견디는 것을 의미합니다. 오래 참음은 우리가 예수님의 십자가의 길을 따를 수 있도록 힘을 주는 성령의 열매입니다.

나눔의 시간

최근에 분노를 조절하지 못해서 어려움을 당한 일이 있습니까? 또는 화를 내지 않고 인내함으로 위기를 극복한 적이 있습니까?

결단의 시간

그리스도인은 하나님의 영광을 위해서 살아야 합니다. 하나님의 영광을 위해서 혈기를 없애고 오래 참기로 결단합시다.

함께하는 기도

하나님 아버지, 하나님의 영광을 위해서 살아가는 가정과 삶이 되기를 소망합니다. 사도 바울처럼 복음을 위하여 오래 참고 인내하는 태도를 가질 수 있도록 인도해 주옵소서. 예수님의 이름으로 기도합니다. 아멘.

암송 말씀

깨끗함과 지식과 오래 참음과 자비함과 성령의 감화와 거짓이 없는 사랑과 진리의 말씀과 하나님의 능력으로 의의 무기를 좌우에 가지고 _고린도후서 6:6-7

주기도문

2월 2일

오래 참는 사랑

신앙고백 | 사도신경

찬송 | 303, 310장

본문 말씀 | 마태복음 27장 46-50절

제구시쯤에 예수께서 크게 소리 질러 이르시되 엘리 엘리 라마 사박다니 하시니 이는 곧 나의 하나님, 나의 하나님, 어찌하여 나를 버리셨나이까 하는 뜻이라 거기 섰던 자 중 어떤 이들이 듣고 이르되 이 사람이 엘리야를 부른다 하고 그 중의 한 사람이 곧 달려가서 해면을 가져다가 신 포도주에 적시어 갈대에 꿰어 마시게 하거늘 그 남은 사람들이 이르되 가만 두라 엘리야가 와서 그를 구원하나 보자 하더라 예수께서 다시 크게 소리 지르시고 영혼이 떠나시니라

하나님의 사랑은 절대적인 사랑의 본을 나타냅니다. 예수님께서 우리 죄를 대신해 십자가에 달려 돌아가신 것은 우리를 향한 절대적인 사랑의 증거입니다. 이 사랑은 아무 보답도, 대가도 바라지 않습니다. 우리는 이러한 사랑으로 이웃을 사랑해야 합니다.

반면 인간적인 사랑은 우리를 욕망에 빠지게 하고, 채워지지 않는 감정으로 어쩔 줄 모르게 만들며, 헛된 것을 향해 나아가도록 합니다. 또한 사람이나 세상 것에 집착하게 합니다. 오래 참는 힘이 없기 때문에 기다릴 수 있는 여유조차 빼앗습니다. 이러한 사랑은 결국 좌절만 남깁니다.

우리는 종종 인간적인 사랑과 하나님의 사랑을 착각할 때가 있습니다. 내가 하는 사랑이 하나님께서 주신 마음인지 내 욕심인지를 분별하지 못합니다. 그럴 때 우리는 사랑을 위해 오래 참을 수 있는지를 생각해 봐야 합니다.

하나님의 사랑은 인간의 욕구로 움직이지 않기 때문에 기다리는 힘이 있습니다. 예수님께서 하늘의 영광을 버리시고 죽음의 고통까지도 참아내실 수 있었던 것은 바로 이 오래 참음의 사랑이 있었기 때문입니다.

나눔의 시간

사랑의 표현이 서툴러서 오해를 샀던 경험이 있습니까? 그때의 상황과 그 일을 어떻게 해결했었는지 나눠 봅시다.

결단의 시간

우리를 사랑하시고 오래 참으신 예수님의 사랑을 기억합시다. 예수님의 사랑을 닮아 가족 간에 서로 용납하고 용서하기로 결단합시다.

함께하는 기도

하나님 아버지, 우리의 사랑이 예수님의 사랑을 닮기를 소망합니다. 서로의 허물을 덮어 주고 이해할 수 있는 가정이 될 수 있도록 인도해 주옵소서. 예수님의 이름으로 기도합니다. 아멘.

암송 말씀

사랑은 오래 참고 사랑은 온유하며 시기하지 아니하며 사랑은 자랑하지 아니하며 교만하지 아니하며 _고린도전서 13:4

주기도문

2월 3일

기다림 끝에 성취

신앙고백 | 사도신경

찬송 | 344, 347장

본문 말씀 | 로마서 8장 24-26절

우리가 소망으로 구원을 얻었으매 보이는 소망이 소망이 아니니 보는 것을 누가 바라리요 만일 우리가 보지 못하는 것을 바라면 참음으로 기다릴지니라 이와 같이 성령도 우리의 연약함을 도우시나니 우리는 마땅히 기도할 바를 알지 못하나 오직 성령이 말할 수 없는 탄식으로 우리를 위하여 친히 간구하시느니라

일반적으로 소망은 '기다림', '기대', '욕구'라는 뜻을 가집니다. 그러나 성경에서의 소망은 좀 더 구체적입니다. 그것은 예수님의 다시 오심과 구원, 하나님 나라를 바라보고 기대하는 것입니다.

소망은 믿음과 연결되어 있습니다. 혹시 이 시대를 살아가는 사람 중 예수님을 실제로 만났거나 만져본 사람이 있습니까? 천국을 실제로 보거나 다녀올 수 있습니까? 기적을 체험하지 않는 이상 우리에게 이러한 일은 일어나기 어렵습니다. 그렇지만 수많은 그리스도인은 예수님의 다시 오심을 믿기 때문에 기다릴 수 있습니다. 하나님 나라가 이 땅에 성취될 것을 믿음으로 기대합니다.

우리의 기다림 끝에는 반드시 기쁨의 축제가 따를 것입니다. 믿음으로 인내하며 참된 그리스도인의 모습으로 살아갈 때, 비로소 하나님의 구원이 성취되는 것을 보게 될 것입니다.

나눔의 시간

최근 학수고대하던 일이 성취된 경험이 있습니까? 또는 성취되기를 기대하며 기도하고 있는 일이 있습니까? 서로 나눠 봅시다.

결단의 시간

삶 속에 계속해서 풀리지 않는 문제가 있습니까? 하나님께서 그 문제의 해결자가 되심을 믿고, 끝까지 기도하기로 결단합시다.

함께하는 기도

하나님 아버지, 아직 보이지는 않지만 하나님께서 반드시 우리의 문제를 해결해 주실 것을 믿습니다. 어떤 문제라도 흔들리지 않고, 믿음으로 인내하며 기도할 수 있도록 인도해 주옵소서. 예수님의 이름으로 기도합니다. 아멘.

암송 말씀

만일 우리가 보지 못하는 것을 바라면 참음으로 기다릴지니라 _로마서 8:25

주기도문

2월 4일

오래 참음과 용납

신앙고백 | 사도신경

찬송 | 279, 285장

본문 말씀 | 에베소서 4장 1-3절

> **그러므로 주 안에서 갇힌 내가 너희를 권하노니 너희가 부르심을 받은 일에 합당하게 행하여 모든 겸손과 온유로 하고 오래 참음으로 사랑 가운데서 서로 용납하고 평안의 매는 줄로 성령이 하나 되게 하신 것을 힘써 지키라**

우리나라 사람들은 성격이 매우 급합니다. 무엇을 해도 '빨리빨리'가 입에 붙어 있을 정도입니다. 이러한 국민성은 세계에서도 보기 드문 급격한 경제 성장의 기적을 이뤄냈습니다. 그러나 급한 성격은 자칫하면 사람과의 관계에서 갈등을 일으킬 수 있습니다. 삶의 문제는 대부분 참아야 할 때 참지 못하는 데에서 생깁니다. 우리는 "오래 참음으로 사랑 가운데서 서로 용납하라"는 성경 말씀을 마음 깊이 새겨 볼 필요가 있습니다.

'용납'은 '이해'에서 시작합니다. '이해하다'는 영어로 'understand'인데, 어원을 살펴보면 이는 'under'아래에와 'stand'서다라는 단어의 결합이라는 것을 알 수 있습니다. 즉, 내가 상대방보다 낮아져서 그의 입장에 설 때 그 사람을 이해할 수 있다는 말입니다.

하나님께서 우리의 죄를 오래 참으시고 용납하신 것처럼, 우리도 이웃에 대해 오래 참고 사랑으로 이해해 봅시다. 미운 사람이 있습니까? 그 사람을 오래 참고 지켜보십시오. 그러면 그 안에서 예수님의 형상을 발견하게 될 것입니다. 우리는 모두 주님의 형상대로 지음 받았기 때문입니다.

나눔의 시간

아무리 생각해도 이해하기 어려운 행동이나 말로 나를 힘들게 하는 사람이 있습니까? 혹시 그 사람의 입장에서 생각해 본 적은 없습니까?

결단의 시간

다른 사람을 이해하려면 그 사람의 입장에서 생각해 봐야 합니다. 이해할 수 없는 사람이라도 그를 천천히 지켜보며 이해해 보기로 결단합시다.

함께하는 기도

하나님 아버지, 다른 사람을 이해하고 용납하지 못했던 잘못을 고백합니다. 상대방의 입장에서 생각할 수 있도록 오래 참는 마음을 주옵소서. 예수님의 이름으로 기도합니다. 아멘.

암송 말씀

모든 겸손과 온유로 하고 오래 참음으로 사랑 가운데서 서로 용납하고 _에베소서 4:2

주기도문

2월 5일

세상에 혼자라고 느껴질 때

신앙고백 | 사도신경

찬송 | 461, 463장

본문 말씀 | 히브리서 2장 17-18절

> **그러므로 그가 범사에 형제들과 같이 되심이 마땅하도다 이는 하나님의 일에 자비하고 신실한 대제사장이 되어 백성의 죄를 속량하려 하심이라 그가 시험을 받아 고난을 당하셨은즉 시험 받는 자들을 능히 도우실 수 있느니라**

예수님께서 십자가에 못 박히시던 날, 그분의 곁에는 아무도 없었습니다. 며칠 전만 해도 예수님을 따르던 무리는 온데간데없고 주변엔 온통 침을 뱉고 손가락질을 하는 사람뿐이었습니다. 예수님을 목숨처럼 따르던 제자들마저 도망가고 없었습니다. 홀로 남으신 예수님께서는 하나님 아버지께도 버림받았습니다. 죽음의 고통 앞에서 예수님의 힘과 위로가 되어줄 수 있는 것은 어디에도 없었습니다. 그분의 삶은 이렇듯 외로움과 고난의 삶이었습니다.

혹시 누군가에게 버림받았다는 생각에 슬프고 외롭습니까? 세상에 나 혼자만 남은 것처럼 느껴집니까? 그럴 때 예수님께서 말씀하십니다. "내가 너의 마음을 잘 안다." 예수님께서는 직접 인간의 모습으로 오셔서 우리의 가난과 배고픔, 피곤, 아픔, 외로움, 절망을 온몸으로 느끼셨습니다. 예수님께서는 우리의 고통을 누구보다 잘 알고 계십니다.

더는 희망이라고는 찾아볼 수 없고, 인생이 다 끝난 것처럼 보이는 상황 속에서도 예수님을 바라봅시다. 죽는 것 외에는 선택의 여지가 없는 절대 절망의 자리에 떨어졌을 때 예수님을 바라보면 그 안에서 희망을 얻게 됩니다. 새로운 삶의 희망과 용기를 얻을 수 있습니다. 예수님께서 이미 그 길을 걸어가셨고 승리하셨기 때문입니다.

나눔의 시간

세상에 혼자라고 느껴질 때가 있습니까? 그럴 때 그 외로움을 해결하는 나만의 방법이 있습니까?

결단의 시간

그리스도인은 외로움과 고난 중에도 예수님을 생각해야 합니다. 예수님만이 우리에게 힘과 용기를 주실 수 있습니다. 괴로운 상황에서도 주님을 먼저 생각하기로 결단합시다.

함께하는 기도

하나님 아버지, 예수님께서 당하신 외로움과 고난을 늘 기억하고, 우리에게 주신 은혜와 한량 없는 사랑을 잊지 않게 하옵소서. 고난에 넘어지지 않고, 승리할 수 있도록 역사해 주옵소서. 예수님의 이름으로 기도합니다. 아멘.

암송 말씀

그가 시험을 받아 고난을 당하셨은즉 시험 받는 자들을 능히 도우실 수 있느니라
_히브리서 2:18

주기도문

2월 6일

영원한 승리

신앙고백 | 사도신경

찬송 | 357, 360장

본문 말씀 | 시편 37편 7-9절

여호와야훼 **앞에 잠잠하고 참고 기다리라 자기 길이 형통하며 악한 꾀를 이루는 자 때문에 불평하지 말지어다 분을 그치고 노를 버리며 불평하지 말라 오히려 악을 만들 뿐이라 진실로 악을 행하는 자들은 끊어질 것이나 여호와**야훼**를 소망하는 자들은 땅을 차지하리로다**

우리가 열심히 주님의 일을 하고 사명을 감당하다 보면 때때로 해결하기 어려운 문제에 맞닥뜨릴 때가 있습니다. 내가 하지 않은 일에 오해를 받을 수도 있고, 모함에 빠지기도 합니다. 특히 영적으로 무장하면 할수록 우리를 무너뜨리려는 외적인 세력은 더욱 강해집니다. 그럴 때마다 우리는 절대로 낙심하지 말고 마음을 지켜야 합니다. 강하고 담대해야 합니다. 무슨 이야기를 들어도 절대로 상처받지 말고 예수님을 바라보아야 합니다.

예수님께서는 십자가를 지실 때 온갖 모욕과 멸시와 천대를 다 받으셨습니다. 벌거벗긴 채 매를 맞으셨고 두 손과 두 발에 대못이 박히고 머리에는 가시관이 씌워졌습니다. 옆구리는 창에 찔려서 물과 피를 다 쏟으셨습니다. 예수님의 십자가 사건은 인간적인 눈으로 봤을 때 마치 패배한 것처럼 보일 수도 있습니다. 그러나 이는 사실 영원한 승리였습니다. 예수님께서 그 모진 고통을 참으셨기 때문에 멸망의 길로 가고 있던 온 인류가 구원받을 수 있었습니다.

예수님을 바라보면 못 참을 것이 아무것도 없습니다. 사람의 기준으로는 악이 이기는 것 같아 보여도 악은 결국 심판을 받습니다. 주님의 때에 우리가 심은 것을 반드시 거두게 될 것을 기억하고 소망을 잃지 말아야 합니다.

나눔의 시간

다른 사람이 성공하고 잘돼서 속상한 적이 있습니까? 왜 그런 마음이 들었는지 나눠 봅시다.

결단의 시간

주님께서 우리에게 구원을 주시고, 은혜를 베풀어 주실 것을 확신합니까? 믿음을 잃지 않아야 주님의 권능을 성취할 수 있습니다. 믿음과 소망을 끝까지 포기하지 않기로 결단합시다.

함께하는 기도

하나님 아버지, 오직 예수님의 은혜와 구원을 기억하며 소망을 잃지 않는 믿음을 갖기 원합니다. 그 믿음으로 현재의 아픔과 고통을 인내하는 신앙을 갖도록 역사해 주옵소서. 예수님의 이름으로 기도합니다. 아멘.

암송 말씀

진실로 악을 행하는 자들은 끊어질 것이나 여호와(야훼)를 소망하는 자들은 땅을 차지하리로다 _시편 37:9

주기도문

2월 7일

나를 기다리시는 예수님

신앙고백 | 사도신경

찬송 | 365, 370장

본문 말씀 | 요한복음 4장 6-9절

거기 또 야곱의 우물이 있더라 예수께서 길 가시다가 피곤하여 우물 곁에 그대로 앉으시니 때가 여섯 시쯤 되었더라 사마리아 여자 한 사람이 물을 길으러 왔으매 예수께서 물을 좀 달라 하시니 이는 제자들이 먹을 것을 사러 그 동네에 들어갔음이러라 사마리아 여자가 이르되 당신은 유대인으로서 어찌하여 사마리아 여자인 나에게 물을 달라 하나이까 하니 이는 유대인이 사마리아인과 상종하지 아니함이러라

어느 날 예수님께서 우물가 옆에서 쉬시던 중 물을 길으러 나온 사마리아 여자를 만나셨습니다. 예수님께서는 그녀에게 다가가 물 한 모금을 청하셨습니다. 그러나 그녀는 예수님께 물은 드리지 않고 "왜 나에게 물을 달라고 하십니까?"라며 되물었습니다.

중동 지역의 한낮은 매우 덥습니다. 그래서 여인들은 일반적으로 아침이나 저녁에 물을 길으러 나옵니다. 그러나 그녀가 우물가에 나온 시간은 한낮이었습니다. 이는 여자에게 피치 못할 사정이 있음을 말해 줍니다.

예수님께서는 이 사마리아 여자에 대해 잘 알고 계셨습니다. 그녀가 우물가에 나올 것도 알고 계셨습니다. 사실 그녀는 한낮의 햇볕보다 자신을 바라보는 사람들의 시선이 더 따가웠습니다. 그래서 사람이 없는 한낮에 우물가에 나왔던 것입니다.

예수님께서는 여자에게 새로운 삶을 주기 원하셨습니다. 그리고 사마리아 여자를 만나셨던 것처럼, 아픔과 상처로 얼룩진 우리를 만나기 원하시며 치료하기 원하십니다. 사람들은 상처 입은 우리를 외면하고 떠나도 주님께서는 떠나지 않으십니다. 언제나 우리를 따뜻하게 안아 주시고 위로해 주십니다.

나눔의 시간

가장 지치고 힘들 때 주로 누구를 찾습니까? 왜 그 사람을 찾게 되는지 함께 나눠 봅시다.

결단의 시간

가정은 가장 평안한 곳이 되어야 합니다. 우리 가족이 힘들고 어려운 일을 당해도 편히 쉴 수 있도록 내가 먼저 우리 가정을 위해 기도하고 섬기기로 결단합시다.

함께하는 기도

하나님 아버지, 사마리아 여자를 만나 주신 예수님의 은혜가 우리에게도 있기를 원합니다. 우리 가정이 오래 참고 서로 용납하며 이해하는 믿음의 가정이 되도록 인도해 주옵소서. 예수님의 이름으로 기도합니다. 아멘.

암송 말씀

내가 주는 물을 마시는 자는 영원히 목마르지 아니하리니 내가 주는 물은 그 속에서 영생하도록 솟아나는 샘물이 되리라 _요한복음 4:14

주기도문

2월 8일

때가 차매

신앙고백 | 사도신경

찬송 | 184, 187장

본문 말씀 | 갈라디아서 4장 4-7절

때가 차매 하나님이 그 아들을 보내사 여자에게서 나게 하시고 율법 아래에 나게 하신 것은 율법 아래에 있는 자들을 속량하시고 우리로 아들의 명분을 얻게 하려 하심이라 너희가 아들이므로 하나님이 그 아들의 영을 우리 마음 가운데 보내사 아빠 아버지라 부르게 하셨느니라 그러므로 네가 이 후로는 종이 아니요 아들이니 아들이면 하나님으로 말미암아 유업을 받을 자니라

초대 교회 성도들은 예수님께서 탄생하신 시기와 장소를 결코 우연에 의한 것이라고 생각하지 않았습니다. 이들은 일체의 역사적 환경을 통해 일하시는 하나님의 손길을 발견했습니다.

예수 그리스도께서는 가장 정확한 하나님의 때에 오셨습니다. 로마의 도로가 모든 길과 통하게 되어 복음이 편만하게 전해질 수 있을 때, 헬라어로 번역된 성경을 통해 많은 사람이 성경을 읽을 수 있을 때, 상업의 발달로 상인들, 노예들, 여행자들을 통해 새로운 지역에 복음이 전파될 수 있을 때에 오셨습니다.

교회의 탄생도 마찬가지입니다. 하나님께서는 제자들이 성령의 능력을 받은 후 예루살렘과 유대와 사마리아와 땅끝에 이르기까지 증인이 될 수 있도록 그 길을 미리 준비하셨습니다.

이처럼 하나님께서는 최상의 아름다운 일을 만들어 나가시기 위해 선하고 적절한 때를 준비하십니다. 비록 현재 우리 삶에 시련과 고통이 있더라도 하나님의 때와 하나님의 뜻을 기다려 봅시다. 하나님께서는 반드시 우리를 싸매고 고치시는 분입니다.

나눔의 시간

입시나 취업과 같은 중요한 문제의 결과를 놓고 기다렸던 경험이 있습니까? 그때의 상황과 마음은 어떠했습니까?

결단의 시간

하나님의 역사는 하나님의 때에 이루어집니다. 이 시간 하나님의 때를 기다리는 우리의 자세를 바로잡고 하나님의 때를 소망하며 기다리기로 결단합시다.

함께하는 기도

하나님 아버지, 주님의 때를 기다리는 것이 때로는 너무 어렵습니다. 그러나 좌절하거나 실망하지 않고, 끝까지 그때를 기다리는 믿음의 삶이 될 수 있기를 원합니다. 신실하신 주님을 향한 믿음을 갖도록 인도해 주옵소서. 예수님의 이름으로 기도합니다. 아멘.

암송 말씀

때가 차매 하나님이 그 아들을 보내사 여자에게서 나게 하시고 율법 아래에 나게 하신 것은 율법 아래에 있는 자들을 속량하시고 우리로 아들의 명분을 얻게 하려 하심이라
_갈라디아서 4:4-5

주기도문

2월 9일

영적으로 성숙한 삶

신앙고백 | 사도신경

찬송 | 324, 345장

본문 말씀 | 데살로니가전서 5장 12-14절

형제들아 우리가 너희에게 구하노니 너희 가운데서 수고하고 주 안에서 너희를 다스리며 권하는 자들을 너희가 알고 그들의 역사로 말미암아 사랑 안에서 가장 귀히 여기며 너희끼리 화목하라 또 형제들아 너희를 권면하노니 게으른 자들을 권계하며 마음이 약한 자들을 격려하고 힘이 없는 자들을 붙들어 주며 모든 사람에게 오래 참으라

교회라고 해서 늘 좋은 일만 있는 것은 아닙니다. 때로는 성도들 사이에서 다툼이 벌어지기도 하고, 그러다 보면 서로 상처받는 일도 생깁니다. 성도가 서로 조금 더 이해해 주지 못하고, 자신의 이기심과 혈기를 앞세울 때 이런 문제들이 생기곤 합니다. 안타까운 사실은 이러한 문제가 초신자 사이에서 일어나는 것이 아니라는 점입니다. 오히려 오랫동안 교회에서 봉사하고 헌신한 성도들 사이에서 오해가 생기고 이해관계가 맞지 않아 갈등이 일어납니다.

예수님을 믿는 사람은 해를 거듭할수록 영적으로 더욱 성숙해야 합니다. 자기 감정을 다스리지 못하는 것은 부끄러운 일입니다. 우리가 화를 참지 못해서 아내나 남편, 아이들에게 화를 내고 교회에 와서 거룩한 척하는 모습은 하나님께서 기뻐하시지 않으십니다. 자기 혈기로 사는 것 역시 하나님 앞에서 다시 한 번 점검받아야 합니다. 경건의 모습은 내 욕심과 화를 버리고 오래 참을 때 나타납니다. 예수님을 사랑하는 사람은 이웃에게 마음의 상처를 주거나 무질서하게 살아가서는 안 됩니다. 신앙이 깊어질수록 사람을 이해하고 품을 수 있는 마음의 깊이가 깊어져야 마땅합니다.

나눔의 시간

혹시 나도 모르게 가족의 마음에 상처를 준 적은 없습니까? 서로 이야기를 나누고 용서를 구하는 시간을 가져 봅시다.

결단의 시간

그리스도인의 가정은 화목해야 합니다. 주님께서 그 가정의 주인이시기 때문입니다. 이 시간 가정의 화목을 위해 오래 참기를 결단합시다.

함께하는 기도

하나님 아버지, 그리스도인으로서 부끄럽지 않은 삶과 가정이 되기를 원합니다. 가정의 화목을 위해 서로 용납하고 오래 참을 수 있는 마음을 허락해 주옵소서. 주님의 마음을 우리에게 부어 주옵소서. 예수님의 이름으로 기도합니다. 아멘.

암송 말씀

또 형제들아 너희를 권면하노니 게으른 자들을 권계하며 마음이 약한 자들을 격려하고 힘이 없는 자들을 붙들어 주며 모든 사람에게 오래 참으라 _데살로니가전서 5:14

주기도문

2월 10일

은혜와 자비

신앙고백 | 사도신경

찬송 | 441, 445장

본문 말씀 | 요한복음 1장 10-14절

그가 세상에 계셨으며 세상은 그로 말미암아 지은 바 되었으되 세상이 그를 알지 못하였고 자기 땅에 오매 자기 백성이 영접하지 아니하였으나 영접하는 자 곧 그 이름을 믿는 자들에게는 하나님의 자녀가 되는 권세를 주셨으니 이는 혈통으로나 육정으로나 사람의 뜻으로 나지 아니하고 오직 하나님께로부터 난 자들이니라 말씀이 육신이 되어 우리 가운데 거하시매 우리가 그의 영광을 보니 아버지의 독생자의 영광이요 은혜와 진리가 충만하더라

우리는 예수님께 갚을 수 없는 은혜를 받았습니다. 죄인의 신분에서 하나님의 자녀가 된 것입니다. 누구든지 주님을 구주로 믿고 시인하면 구원을 받습니다. 성령님께서 우리 안에 거하시며, 병이 낫고, 삶의 고통으로부터 해방됩니다. 또한 천국 시민의 자격을 얻게 됩니다.

이 모든 은혜는 우리가 의롭다거나 자격이 있어서 받은 것이 아닙니다. 자비로운 하나님께서 값없이 주신 것입니다. 은혜는 헬라어로 '카리스' 라고 합니다. 이는 '선물' 이라는 뜻을 포함하고 있습니다. 즉, 우리가 받은 은혜는 이 세상 무엇과도 바꿀 수 없는 하나님의 선물입니다.

우리 중 은혜를 받지 않은 사람은 아무도 없습니다. 다만 은혜 받은 것을 깨닫지 못하고 있을 뿐입니다. 우리는 언제나 하나님께 받은 은혜를 세어 보며 평생 사랑의 빚을 갚고 살아야 합니다. 이웃을 사랑하고 소외된 이웃에게 사랑을 베풀어야 합니다. 그것이야말로 넘치게 받은 은혜에 보답하는 삶입니다.

나눔의 시간

하나님께 받았던 가장 큰 선물은 무엇입니까?

결단의 시간

부모님의 은혜가 아니었다면, 자녀는 건강하게 성장할 수 없었을 것입니다. 부모님의 은혜에 감사하는 마음을 고백하는 시간을 가집시다.

함께하는 기도

하나님 아버지, 도저히 용서받을 수 없는 죄인인 저를 구원해 주셔서 감사합니다. 저희 가정이 도움이 필요한 사람들에게 사랑을 베풀며 살아가는 믿음의 가정이 되도록 인도해 주옵소서. 예수님의 이름으로 기도합니다. 아멘.

암송 말씀

말씀이 육신이 되어 우리 가운데 거하시매 우리가 그의 영광을 보니 아버지의 독생자의 영광이요 은혜와 진리가 충만하더라 _요한복음 1:14

주기도문

2월 11일

유월절 어린 양의 피

신앙고백 | 사도신경

찬송 | 272, 277장

본문 말씀 | 출애굽기 12장 11-14절

너희는 그것을 이렇게 먹을지니 허리에 띠를 띠고 발에 신을 신고 손에 지팡이를 잡고 급히 먹으라 이것이 여호와야훼의 유월절이니라 내가 그 밤에 애굽 땅에 두루 다니며 사람이나 짐승을 막론하고 애굽 땅에 있는 모든 처음 난 것을 다 치고 애굽의 모든 신을 내가 심판하리라 나는 여호와야훼라 내가 애굽 땅을 칠 때에 그 피가 너희가 사는 집에 있어서 너희를 위하여 표적이 될지라 내가 피를 볼 때에 너희를 넘어가리니 재앙이 너희에게 내려 멸하지 아니하리라 너희는 이 날을 기념하여 여호와야훼의 절기를 삼아 영원한 규례로 대대로 지킬지니라

이스라엘 백성이 애굽에서 430년 동안 종살이를 하다가 출애굽할 때, 하나님께서는 애굽을 심판하시기로 작정하셨습니다. 그러나 이스라엘 백성에게는 "어린 양을 잡아 그 피를 문 좌우 양 기둥에 바르면 그 집은 죽음의 사자가 뛰어넘어갈 것이다"라고 약속하셨습니다.

그리고 마침내 약속된 날 밤, 애굽에 재앙이 임했습니다. 애굽 땅에서 처음 난 것은 모두 목숨을 잃었습니다. 그러나 문설주에 어린 양의 피를 바른 집은 모두 무사했습니다. 유월절을 영어로 'Passover'로 표현하게 된 것도 이 때문입니다.

어린 양의 피를 바른 집 중에서도 분명 도둑이 있었을 것이고, 성격이 좋지 않은 사람도 있었을 것입니다. 또한 사기꾼도 있었을 것입니다. 그렇다면 그 사람들도 구원을 받았을까요? 성경 어디에도 문설주에 피를 바른 집에 재앙이 임했다는 기록이 없습니다. 그들은 하나님의 약속을 믿고 그 명령에 순종했기 때문에 하나님께서 허락하신 구원을 은혜로 받은 것입니다.

나눔의 시간

우리는 부모님으로부터 조건 없는 사랑을 받고 있습니다. 특히 언제 부모님의 사랑을 많이 느낄 수 있습니까? 함께 나눠 봅시다.

결단의 시간

예수님께서 십자가에 달려 흘리신 보혈은 우리의 모습과 상관없이 우리를 구원할 수 있습니다. 이 구원에 대한 믿음의 확신을 잃지 않기로 결단합시다.

함께하는 기도

하나님 아버지, 저희에게 조건 없는 사랑과 구원을 베풀어 주신 은혜에 감사합니다. 또한 우리 가족이 서로 사랑을 나누고 동역할 수 있도록 해주셔서 감사합니다. 예수님의 이름으로 기도합니다. 아멘.

암송 말씀

> 내가 애굽 땅을 칠 때에 그 피가 너희가 사는 집에 있어서 너희를 위하여 표적이 될지라 내가 피를 볼 때에 너희를 넘어가리니 재앙이 너희에게 내려 멸하지 아니하리라
> _출애굽기 12:13

주기도문

2월 12일

거룩함의 회복

신앙고백 | 사도신경

찬송 | 305, 309장

본문 말씀 | 신명기 13장 14-17절

너는 자세히 묻고 살펴 보아서 이런 가증한 일이 너희 가운데에 있다는 것이 확실한 사실로 드러나면 너는 마땅히 그 성읍 주민을 칼날로 죽이고 그 성읍과 그 가운데에 거주하는 모든 것과 그 가축을 칼날로 진멸하고 또 그 속에서 빼앗아 차지한 물건을 다 거리에 모아 놓고 그 성읍과 그 탈취물 전부를 불살라 네 하나님 여호와야훼께 드릴지니 그 성읍은 영구히 폐허가 되어 다시는 건축되지 아니할 것이라 너는 이 진멸할 물건을 조금도 네 손에 대지 말라 그리하면 여호와야훼께서 그의 진노를 그치시고 너를 긍휼히 여기시고 자비를 더하사 네 조상들에게 맹세하심 같이 너를 번성하게 하실 것이라

이스라엘은 거룩한 민족입니다. 그들은 하나님에 의해서, 하나님을 위해서 구별되었기 때문입니다. 그러므로 하나님께 선택받은 이스라엘은 다른 민족과 같아서는 안 되었습니다. 스스로 거룩함을 지켜 자신들이 이방 민족과 다르다는 것을 보여 줌으로써 하나님께서 다른 신들, 특히 가나안의 신들과 다르다는 것을 방증했습니다.

그러나 이스라엘 민족은 가나안 땅에서 거룩함을 버리고 우상을 숭배했습니다. 결국 그들은 하나님의 진노와 심판을 받게 되었습니다. 놀랍게도 이러한 하나님의 심판의 때에 '자비' 라는 단어가 사용됩니다. 자비는 원어로 '헤세드' 입니다. 헤세드는 '인자함' 이라는 의미와 함께 하나님을 향한 '경건' 이라는 뜻으로 사용됩니다. 또한 드물게 '책망' 이라는 뜻으로도 사용됩니다.

즉, ‘우리가 경건하지 못해 하나님의 책망을 받을 때에, 경건을 다시 회복하면 하나님의 자비를 얻게 된다’ 는 것입니다. 이런 의미에서 하나님의 자비는 거룩과 회개와 밀접한 관계가 있습니다.

나눔의 시간

우리 삶 가운데 우리를 거룩하지 못하게 하는 것들은 무엇입니까? 그것들의 유혹에 넘어가는 이유가 무엇인지 나눠 봅시다.

결단의 시간

거룩함을 회복하는 것이 하나님의 자비를 얻는 열쇠입니다. 또한 회개하는 것이 거룩해지는 유일한 길입니다. 우리의 죄를 자복하고 하나님의 용서와 자비를 구하는 시간을 가집시다.

함께하는 기도

하나님 아버지, 우리의 삶과 가정에 하나님의 자비가 필요합니다. 이를 위해 거룩함을 회복할 수 있도록 인도해 주옵소서. 우리의 죄를 자복하고 돌이킬 때에 주님의 자비와 인자를 허락해 주옵소서. 예수님의 이름으로 기도합니다. 아멘.

암송 말씀

너는 이 진멸할 물건을 조금도 네 손에 대지 말라 그리하면 여호와(야훼)께서 그의 진노를 그치시고 너를 긍휼히 여기시고 자비를 더하사 네 조상들에게 맹세하심 같이 너를 번성하게 하실 것이라 _신명기 13:17

주기도문

2월 13일

나를 불쌍히 여기소서

신앙고백 | 사도신경

찬송 | 383, 384장

본문 말씀 | 에베소서 2장 1-5절

그는 허물과 죄로 죽었던 너희를 살리셨도다 그 때에 너희는 그 가운데서 행하여 이 세상 풍조를 따르고 공중의 권세 잡은 자를 따랐으니 곧 지금 불순종의 아들들 가운데서 역사하는 영이라 전에는 우리도 다 그 가운데서 우리 육체의 욕심을 따라 지내며 육체와 마음의 원하는 것을 하여 다른 이들과 같이 본질상 진노의 자녀이었더니 긍휼이 풍성하신 하나님이 우리를 사랑하신 그 큰 사랑을 인하여 허물로 죽은 우리를 그리스도와 함께 살리셨고 (너희는 은혜로 구원을 받은 것이라)

예수님께서는 우리를 위해 생명까지도 내어 주셨습니다. 그 은혜는 우리를 향한 무한한 사랑의 표현이었습니다. 그런 주님께서는 우리에게 어떤 것도 아끼지 않으십니다. "네가 어떻게 하는지 지켜본 후에 은혜를 주겠다"고 말씀하시는 분이 아닙니다. 주님은 우리에게 좋은 것들을 조건 없이 마음껏 부어 주시는 분이십니다.

우리를 향하신 하나님의 마음은 '긍휼'이라는 단어로 표현되기도 합니다. '긍휼'이란 '그 사람을 불쌍히 여기고 동정하는 것', 더 나아가서 '구제하는 것'입니다. 그러므로 하나님께서 우리를 긍휼히 여기신다는 말은 '하나님께서 우리를 불쌍히 여기실 뿐만 아니라, 우리가 어디로 가든지 위험에서 건져 주시고 구해 주신다'는 의미가 담겨 있습니다.

우리가 하나님께 "주님 저를 불쌍히 여겨 주옵소서. 주님, 저를 긍휼히 여겨 주옵소서"라고 간절히 부르짖을 때 기적이 일어납니다. 하나님의 복이 우리의 삶에 넘치게 부어집니다.

나눔의 시간

누군가를 볼 때 불쌍히 여기는 마음이 들었던 적이 있습니까? 그를 위해 무엇을 했는지 나눠 봅시다.

결단의 시간

하나님의 긍휼은 기도하는 자에게 임합니다. 부르짖어 기도하는 시간을 가져 봅시다. 매일 이웃을 위해 기도하는 시간을 갖기로 결단합시다.

함께하는 기도

하나님 아버지, 우리 가정을 불쌍히 여겨 주옵소서. 우리 영혼이 주님의 은혜를 누릴 수 있도록 인도해 주옵소서. 기도하는 영혼, 기도하는 가정이 되기를 소망합니다. 예수님의 이름으로 기도합니다. 아멘.

암송 말씀

허물로 죽은 우리를 그리스도와 함께 살리셨고 (너희는 은혜로 구원을 받은 것이라)
_에베소서 2:5

주기도문

2월 14일

긍휼의 옷

신앙고백 | 사도신경

찬송 | 269, 270장

본문 말씀 | 골로새서 3장 11-14절

> 거기에는 헬라인이나 유대인이나 할례파나 무할례파나 야만인이나 스구디아인이나 종이나 자유인이 차별이 있을 수 없나니 오직 그리스도는 만유시요 만유 안에 계시니라 그러므로 너희는 하나님이 택하사 거룩하고 사랑 받는 자처럼 긍휼과 자비와 겸손과 온유와 오래 참음을 옷 입고 누가 누구에게 불만이 있거든 서로 용납하여 피차 용서하되 주께서 너희를 용서하신 것 같이 너희도 그리하고 이 모든 것 위에 사랑을 더하라 이는 온전하게 매는 띠니라

긍휼이란 '상대방과 같은 마음을 갖고 그를 이해하는 것'입니다. 친구나 가족, 직장 동료 등 우리가 서로를 향해 긍휼의 마음을 갖는다면 관계에서 문제와 갈등을 줄일 수 있습니다. 그러므로 우리는 이웃을 긍휼히 여기는 마음을 가져야 합니다. 주위에 어려움에 처한 사람이 있으면 그 사람과 같은 마음을 품고 그 사람 입장에서 이해해 주어야 합니다.

성경은 '긍휼의 옷을 입어야 한다'고 말씀하고 있습니다. 여기에서 '옷을 입는다'는 표현에 주목해야 합니다. 우리는 옷이 더러워지면 깨끗한 옷으로 갈아입습니다. 이처럼 긍휼과 자비의 옷을 입는 것도 새 옷을 꺼내 입듯 노력해야 한다는 것을 의미합니다. 이 일은 저절로 되는 것이 아닙니다.

우리는 주위에 고통당하는 사람들의 아픔을 외면하지 말아야 합니다. 우리는 이제부터 '정말 사랑하며 살리라', '용서하며 살리라', '하나님의 귀한 사랑을 실천하며 살리라'고 다짐해야 합니다. 우리 모두는 주위 사람들에게 관심을 가지고 그들의 아픔과 함께하려는 자세를 가져야 합니다.

나눔의 시간

나와 다른 상황에 처한 사람들을 접한 적이 있습니까? 그들이 어떤 어려움과 아픔을 갖고 있었는지, 또 그들을 보며 어떤 생각을 했는지 나눠 봅시다.

결단의 시간

고통당하는 가족이나 이웃이 있습니까? 관심을 갖고 찾아가서 그들의 아픔을 이해하고 위로하기로 결단합시다.

함께하는 기도

하나님 아버지, 저희도 주님처럼 긍휼의 옷을 입는 가정이 되기를 원합니다. 먼저 가족 간에 서로를 이해하고, 위로할 수 있는 마음을 허락해 주옵소서. 나아가 어려운 일을 겪고 있는 이웃을 향해 이해와 사랑을 실천할 수 있는 용기를 주옵소서. 예수님의 이름으로 기도합니다. 아멘.

암송 말씀

그러므로 너희는 하나님이 택하사 거룩하고 사랑 받는 자처럼 긍휼과 자비와 겸손과 온유와 오래 참음을 옷 입고 _골로새서 3:12

주기도문

2월 15일

바디매오의 기도

신앙고백 | 사도신경

찬송 | 253, 262장

본문 말씀 | 마가복음 10장 46-48절

그들이 여리고에 이르렀더니 예수께서 제자들과 허다한 무리와 함께 여리고에서 나가실 때에 디매오의 아들인 맹인 거지 바디매오가 길 가에 앉았다가 나사렛 예수시란 말을 듣고 소리 질러 이르되 다윗의 자손 예수여 나를 불쌍히 여기소서 하거늘 많은 사람이 꾸짖어 잠잠하라 하되 그가 더욱 크게 소리 질러 이르되 다윗의 자손이여 나를 불쌍히 여기소서 하는지라

예수님의 공생애 기간 동안 주님 앞에 나와 "주님, 나를 불쌍히 여겨 주옵소서!"라고 부르짖었던 사람들은 모두 하나님의 기적을 체험했습니다. 앞을 보지 못했던 거지 바디매오도 그중에 한 사람이었습니다.

어느 날 바디매오는 자신의 옆으로 예수님께서 지나가신다는 말을 들었습니다. 그는 그 말을 듣자마자 "다윗의 자손 예수여, 나를 불쌍히 여기소서!"라고 예수님께 간절히 부르짖었습니다. 그때 예수님께서 "그를 부르라"고 하신 후에 "네게 무엇을 하여 주기를 원하느냐?"라고 물으셨습니다. 그가 "보기를 원하나이다"라고 대답하자, 예수님께서는 "네 믿음이 너를 구원하였다"고 말씀하셨습니다. 그 결과 바디매오는 즉시 앞을 볼 수 있게 되었습니다.

주님은 이 땅의 창조주이시며, 우주 만물의 주관자이십니다. 병을 고치시고 물질을 채우시는 분입니다. 우리의 모든 괴로움을 아시고 돕기를 원하시는 분입니다. 그런 주님 앞에서 체면치레할 필요는 없습니다. 바디매오처럼 주님 앞에 엎드려 부르짖으십시오. 그리고 주님께서 우리의 모든 필요를 채우실 수 있는 분이라는 사실을 믿으십시오. 주님께서는 결코 우리를 외면하지 않으십니다.

나눔의 시간

최근 하나님께 간절히 구하고 있는 기도 제목이 있습니까? 그동안 그 기도 제목을 위해 얼마나 간절히 기도했는지 되돌아보고 함께 나눠 봅시다.

결단의 시간

바디매오는 응답받을 때까지 결코 기도를 멈추지 않았습니다. 우리도 우리의 기도 제목을 끝까지 포기하지 않고 기도하기로 결단합시다.

함께하는 기도

하나님 아버지, 저희도 바디매오처럼 응답받는 기도자가 되기 원합니다. 저희 가정도 하나님의 긍휼과 은혜를 입기 원합니다. 저희 모두가 포기하지 않고 끝까지 기도할 수 있는 인내를 가질 수 있도록 인도해 주옵소서. 예수님의 이름으로 기도합니다. 아멘.

암송 말씀

많은 사람이 꾸짖어 잠잠하라 하되 그가 더욱 크게 소리 질러 이르되 다윗의 자손이여 나를 불쌍히 여기소서 하는지라 _마가복음 10:48

주기도문

2월 16일

은혜와 용서의 예수님

신앙고백 | 사도신경

찬송 | 435, 438장

본문 말씀 | 마태복음 18장 32-35절

> 이에 주인이 그를 불러다가 말하되 악한 종아 네가 빌기에 내가 네 빚을 전부 탕감하여 주었거늘 내가 너를 불쌍히 여김과 같이 너도 네 동료를 불쌍히 여김이 마땅하지 아니하냐 하고 주인이 노하여 그 빚을 다 갚도록 그를 옥졸들에게 넘기니라 너희가 각각 마음으로부터 형제를 용서하지 아니하면 나의 하늘 아버지께서도 너희에게 이와 같이 하시리라

만 달란트를 빚진 종이 있었습니다. 결산의 날, 주인은 종을 불러 모든 재산과 가족을 팔아 빚을 갚으라고 말했습니다. 졸지에 거지 신세를 면하지 못하게 되었으니, 종의 신세도 참 딱합니다. 그런데 이게 웬일입니까? 기적 같은 일이 일어났습니다. 종을 불쌍히 여긴 주인이 그의 빚 전부를 탕감해 준 것입니다.

만 달란트의 가치는 어마어마합니다. 1달란트가 약 6천 데나리온이고, 당시 품꾼의 하루 품삯이 1데나리온이었다고 하니, 종은 자신이 6천만 일, 즉 16만 5천 년을 일해야 얻을 수 있는 품삯을 탕감받은 것입니다.

그러나 그 종은 집에 돌아가는 길에 자신에게 백 데나리온 빚진 동료를 만났고, 그에게 빚을 갚으라고 윽박지르더니 결국 감옥에 가두기까지 했습니다. 조금 전 만 달란트를 탕감받은 사람이 자신에게 백 데나리온 빚진 동료를 고통에 빠트린 것입니다.

이러한 종의 모습은 마치 우리의 모습과 같습니다. 우리는 한 사람도 빠짐없이 예수님께 죄의 심판을 탕감받았습니다. 한없는 용서의 자비를 받은 우리는 그 어떤 이유를 막론하고 이웃을 용서할 수 있어야 합니다. 받은 은혜를 나누는 것이야말로 진정한 그리스도인의 삶의 방법입니다.

나눔의 시간

용서하지 못한 사람이 있습니까? 그 사람과 어떤 일이 있었는지, 그리고 지금은 혹시 어떤 마음인지 솔직하게 나눠 봅시다.

결단의 시간

하나님의 은혜와 평안은 우리가 용서할 때 가장 강력하게 체험할 수 있습니다. 지금 이 시간 주님의 은혜를 기억하며 용서하기로 결정합시다.

함께하는 기도

하나님 아버지, 우리를 용서해 주신 은혜를 기억합니다. 그 은혜를 기억하며 우리도 다른 사람을 용서할 수 있도록 인도해 주옵소서. 또한 용서를 구할 수 있는 용기를 허락해 주옵소서. 예수님의 이름으로 기도합니다. 아멘.

암송 말씀

너희가 각각 마음으로부터 형제를 용서하지 아니하면 나의 하늘 아버지께서도 너희에게 이와 같이 하시리라 _마태복음 18:35

주기도문

2월 17일

친절한 그리스도인

신앙고백 | 사도신경

찬송 | 280, 286장

본문 말씀 | 이사야 63장 7-9절

내가 여호와(야훼)께서 우리에게 베푸신 모든 자비와 그의 찬송을 말하며 그의 사랑을 따라, 그의 많은 자비를 따라 이스라엘 집에 베푸신 큰 은총을 말하리라 그가 말씀하시되 그들은 실로 나의 백성이요 거짓을 행하지 아니하는 자녀라 하시고 그들의 구원자가 되사 그들의 모든 환난에 동참하사 자기 앞의 사자로 하여금 그들을 구원하시며 그의 사랑과 그의 자비로 그들을 구원하시고 옛적 모든 날에 그들을 드시며 안으셨으나

이사야 63장은 백성을 구원하신 주님의 사랑과 자비에 대해서 노래하고 있습니다. 자비는 대개 '친절'을 의미합니다. 주님의 친절이 우리를 구원하셨다는 것입니다.

그러므로 그리스도인은 주님께 받은 대로 다른 사람에게 자비를 베풀어야 합니다. 또한 친절하려고 노력해야 합니다. 우리는 상대방에게 늘 먼저 웃고, 먼저 인사하고, 무엇을 필요로 하는지 살펴야 합니다.

엘리베이터를 이용하다 보면 타려는 사람을 기다리지 않고 바로 '닫음' 버튼을 누르는 사람이 있습니다. 그러면 뒤에 타려는 사람이 자칫 크게 다칠 수도 있습니다. 이것은 다른 사람에 대한 배려가 없는 불친절한 행동입니다. 엘리베이터를 먼저 타면 '열림' 버튼을 누르고 다음 사람이 탈 때까지 기다려야 합니다. 내릴 때도 어르신이나 몸이 불편한 사람이 먼저 내리도록 엘리베이터를 잡아 주는 것이 좋습니다. 이렇듯 우리에게는 삶에서 배어 나오는 친절이 필요합니다.

나눔의 시간

가족 간에 친절과 배려를 잘 지키고 있습니까? 혹시 무심결에 불친절한 행동을 하지는 않았습니까? 함께 나눠 보고 잘한 일은 칭찬하고, 잘못한 일은 반성하는 시간을 가져 봅시다.

결단의 시간

가족일수록 더욱 상대방을 배려해야 합니다. 오늘 가족 구성원을 위해 내가 할 수 있는 친절은 무엇입니까? 결단하고 실천합시다.

함께하는 기도

하나님 아버지, 우리 가정이 하나님의 자비를 본받길 원합니다. 친절하고 배려하는 마음을 가질 수 있도록 저희에게 성령을 부어 주옵소서. 예수님의 이름으로 기도합니다. 아멘.

암송 말씀

내가 여호와야훼께서 우리에게 베푸신 모든 자비와 그의 찬송을 말하며 그의 사랑을 따라, 그의 많은 자비를 따라 이스라엘 집에 베푸신 큰 은총을 말하리라 _이사야 63:7

주기도문

2월 18일

빛의 자녀처럼 행하라

신앙고백 | 사도신경

찬송 | 407, 412장

본문 말씀 | 에베소서 5장 8-10절

너희가 전에는 어둠이더니 이제는 주 안에서 빛이라 빛의 자녀들처럼 행하라 빛의 열매는 모든 착함과 의로움과 진실함에 있느니라 주를 기쁘시게 할 것이 무엇인가 시험하여 보라

빛은 어둠을 밝힙니다. 아무리 칠흑같이 어두운 밤이라도 작은 불씨 하나에 사방이 밝아질 수 있습니다. 불빛은 어둠 속에 있는 이에게 한 줄기 희망이 될 수 있습니다.

어둠은 결코 빛을 이기지 못합니다. 여기서 말하는 어둠은 세상의 사망 권세를 의미합니다. 빛은 우리의 구원자 되시는 예수님이십니다. 즉 세상에 그 어떤 어둠의 고통이 우리를 엄습한다 할지라도 빛 되신 예수님께서 우리와 함께하신다면 승리의 삶을 살아갈 수 있습니다.

하나님께서 우리에게 기대하시는 삶의 모습은 우리가 '빛의 자녀'로 살아가는 것입니다. 빛의 자녀란 마치 달이 태양 빛을 담아 발광하는 것처럼, 예수님을 닮아 세상을 밝게 비추는 사람을 말합니다. 우리는 빛의 자녀가 되어 다툼이 있는 곳에 화해를, 미움이 있는 곳에 사랑과 용서를, 슬픔이 있는 곳에 위로와 기쁨을 가져다주는 삶을 살아야 합니다.

어느 곳에 가든 화평케 하는 자가 되며, 내가 서 있는 곳에서 덕을 끼치는 자가 될 때 어둠에 가려지지 않는 빛의 자녀가 될 것입니다.

나눔의 시간

주변 사람들로부터 주로 듣는 칭찬이 있습니까? 있다면 나눠 봅시다. 또한 서로가 서로를 칭찬하는 시간을 가져 봅시다.

결단의 시간

주님을 기쁘시게 하기 위해 착하고, 의롭고, 진실해야 합니다. 이러한 삶을 살기 위해 어떤 것을 헌신해야 할지 생각해 보고 그렇게 살기를 결단합시다.

함께하는 기도

하나님 아버지, 우리 삶의 목적과 목표가 하나님께 영광 돌리는 삶에 있기를 원합니다. 우리 모두가 그리스도인으로서 착하고, 의롭고, 진실한 삶을 살 수 있도록 역사해 주옵소서. 예수님의 이름으로 기도합니다. 아멘.

암송 말씀

빛의 열매는 모든 착함과 의로움과 진실함에 있느니라 _에베소서 5:9

주기도문

2월 19일

아이야 일어나라

신앙고백 | 사도신경

찬송 | 324, 335장

본문 말씀 | 누가복음 8장 52-56절

모든 사람이 아이를 위하여 울며 통곡하매 예수께서 이르시되 울지 말라 죽은 것이 아니라 잔다 하시니 그들이 그 죽은 것을 아는 고로 비웃더라 예수께서 아이의 손을 잡고 불러 이르시되 아이야 일어나라 하시니 그 영이 돌아와 아이가 곧 일어나거늘 예수께서 먹을 것을 주라 명하시니 그 부모가 놀라는지라 예수께서 경고하사 이 일을 아무에게도 말하지 말라 하시니라

성경에는 사랑하는 자녀를 잃은 아버지가 등장합니다. 사랑하는 사람을 잃은 슬픔은 이루 말할 수 없을 것입니다. 만일 우리 곁에 같은 처지의 이웃이 있다면 우리는 어떤 위로를 해줄 수 있을까요? "아이는 천국에 갔을 테니 걱정하지 마십시오." 아마도 이 정도일 것입니다.

그러나 예수님께서는 자녀를 잃은 아버지에게 다가가셔서 "아이가 죽은 것이 아니라 자는 것이니 울지 말라"고 말씀하셨습니다. 사람들은 그 말씀을 비웃었습니다. 그런데 그 순간 신기한 일이 벌어졌습니다. 예수님께서 아이의 손을 잡고 "아이야 일어나라" 하고 명령하시자, 죽은 줄 알았던 아이가 멀쩡하게 살아서 일어난 것입니다. 예수님의 능력의 말씀이 그 가정에 진정한 위로와 행복을 가져다준 것입니다.

사람의 말은 참된 위로와 참된 기쁨을 줄 수 없습니다. 그러나 하나님의 한 마디는 우리의 마음 깊은 상처를 위로하고 상황을 역전시킵니다. 고난에 빠졌을 때 우리는 세상을 의지해서는 안 됩니다. 사람의 말이나 환경에 의지해서도 안 됩니다. 어떤 수치와 환난 가운데서도 진정한 평안으로 인도하시는 하나님의 위로를 기대해야 합니다.

나눔의 시간

사람들이 건네는 위로의 말이 위로되지 않을 때가 있습니다. 혹시 내게도 그랬던 경험이 있다면 그때의 상황과 마음에 대해서 나눠 봅시다.

결단의 시간

그리스도인의 참된 위로는 격려와 공감을 넘어 어려움에 부닥친 이웃을 구체적으로 도와주는 것입니다. 우리 가정이 이웃을 위해 실천할 수 있는 위로가 무엇이 있는지 생각해 보고 실천할 것을 결단합시다.

함께하는 기도

하나님 아버지, 하나님께서 허락하신 위로가 우리 가정 가운데 있기를 원합니다. 또한 우리가 하나님의 위로와 평안을 전하는 믿음의 가정이 될 수 있기를 소망합니다. 우리가 결단하고, 감당할 수 있도록 인도해 주옵소서. 예수님의 이름으로 기도합니다. 아멘.

암송 말씀

모든 사람이 아이를 위하여 울며 통곡하매 예수께서 이르시되 울지 말라 죽은 것이 아니라 잔다 하시니 _누가복음 8:52

주기도문

2월 20일

사랑의 매

신앙고백 | 사도신경

찬송 | 358, 360장

본문 말씀 | 이사야 66장 13-14절

어머니가 자식을 위로함 같이 내가 너희를 위로할 것인즉 너희가 예루살렘에서 위로를 받으리니 너희가 이를 보고 마음이 기뻐서 너희 뼈가 연한 풀의 무성함 같으리라 여호와야훼**의 손은 그의 종들에게 나타나겠고 그의 진노는 그의 원수에게 더하리라**

과거 우리나라에는 '사랑의 매'라는 것이 있었습니다. 자녀가 잘못했을 때 부모는 이 사랑의 매를 들어 자녀를 올바른 길로 인도했습니다. 요즘은 시대가 많이 달라져 학교에서는 체벌 금지 제도가 생겼고, 부모도 자녀를 혼내지 못한다고 합니다. 그러나 무조건 혼내지 않는 것이 올바른 자녀 양육법은 아닙니다. 자녀 양육에는 훈계와 위로가 균형을 이루는 것이 중요합니다.

하나님께서는 이스라엘이 죄의 길에 빠져 있을 때 사랑의 매를 드셨습니다. 하나님의 사랑의 매는 혹독했습니다. 이스라엘 민족을 광야로 내몰기도 하셨고, 가뭄과 가난을 겪게도 하셨습니다. 그러나 그들이 잘못을 뉘우치고 하나님께로 나아오면 하나님께서는 그들을 용서해 주시고 이전에 누렸던 것의 몇 배가 넘는 복을 부어 주셨습니다. 또한 그들을 위로하고 따뜻하게 안아 주셨습니다.

자녀는 잘못한 부분에 대해 야단을 맞더라도 눈물을 흘리며 자신들을 위로해 주는 부모의 품에서 평안을 되찾을 수 있습니다. 위로가 없는 훈계는 도리어 자녀에게 상처만을 남깁니다. 그러나 부모의 훈계와 위로는 자녀의 감추어져 있는 가능성을 발견하게 하고 올바른 성장의 길로 나아가게 합니다.

나눔의 시간

부모의 훈계가 도리어 자녀에게 상처가 되었던 적이 있습니까? 이 시간 서로 그날의 일과 그때 느꼈던 마음을 나눠 봅시다.

결단의 시간

잘못된 훈계는 부모와 자녀 사이에 벽을 쌓지만, 훈계가 없는 양육법은 자녀에게 독이 될 수 있습니다. 부모는 자녀를 진심으로 위로하고 사랑하며, 자녀는 부모의 말씀에 순종하기로 결단합시다.

함께하는 기도

하나님 아버지, 우리가 진심으로 서로를 위로할 수 있는 가정이 되게 하여 주옵소서. 각자의 감정이 아니라 사랑의 마음을 전달할 수 있는 성숙한 그리스도인이 되기 원합니다. 예수님의 이름으로 기도합니다. 아멘.

암송 말씀

너희가 이를 보고 마음이 기뻐서 너희 뼈가 연한 풀의 무성함 같으리라 여호와야훼의 손은 그의 종들에게 나타나겠고 그의 진노는 그의 원수에게 더하리라 _이사야 66:14

주기도문

2월 21일

작은 예수의 삶

신앙고백 | 사도신경

찬송 | 429, 430장

본문 말씀 | 누가복음 6장 33-36절

> **너희가 만일 선대하는 자만을 선대하면 칭찬 받을 것이 무엇이냐 죄인들도 이렇게 하느니라 너희가 받기를 바라고 사람들에게 꾸어 주면 칭찬 받을 것이 무엇이냐 죄인들도 그만큼 받고자 하여 죄인에게 꾸어 주느니라 오직 너희는 원수를 사랑하고 선대하며 아무 것도 바라지 말고 꾸어 주라 그리하면 너희 상이 클 것이요 또 지극히 높으신 이의 아들이 되리니 그는 은혜를 모르는 자와 악한 자에게도 인자하시니라 너희 아버지의 자비로우심 같이 너희도 자비로운 자가 되라**

예수님을 믿는 사람과 믿지 않는 사람의 차이는 예수님과 함께하느냐, 함께하지 않느냐에 있습니다. 예수님과 함께하는 그리스도인은 상처 입거나 낙심하거나 절망하거나 분노하지 않습니다. 그들은 과거의 모습을 버리고 새롭게 변화되어 새 사람의 삶을 살아갑니다.

따라서 예수님을 믿는 사람은 세상에서 구별됩니다. 굳이 말하지 않아도 "아, 저 사람은 그리스도인이구나. 예수를 믿으니 저렇게 아름답구나. 저 사람이 믿는 예수를 나도 믿어 보고 싶다"라는 생각을 하게 합니다.

그러나 만약 내 삶이 다툼과 미움으로 가득 차 있다면 다시 한 번 자신의 모습을 되돌아봐야 합니다. 이웃이 나를 보며 "저 사람은 예수를 믿는다면서 왜 저렇게 못됐을까? 난 저 사람이 믿는 예수는 절대 믿지 않겠어!"라는 생각을 하게 해서는 안 됩니다.

그러기 위해서 우리는 예수님의 모습을 닮은 '작은 예수'가 되어야 합니다. 예수님께서는 이 땅에 오셨다가 하늘나라로 올라가시는 그 날까지 사랑과 선을 베푸셨습니다. 가난한 사람, 약한 사람, 아픈 사람의 곁에서 그들을 위해 일하셨습니다. 우리의 삶이 그러한 예수 그리스도를 본받고, 실천하는 그리스도의 모형이 되어야 합니다.

나눔의 시간

삶의 롤 모델이 있습니까? 왜 그 사람을 롤 모델로 정했는지 나눠 봅시다.

결단의 시간

그리스도인은 예수님처럼 말하고, 생각하고, 행동해야 합니다. 특별히 긍휼의 마음을 품어야 합니다. 도움이 필요한 이웃에게 따뜻한 손길을 내밀어야 합니다. 이와 같은 삶을 살기로 결단합시다.

함께하는 기도

하나님 아버지, 예수님처럼 생각하고 말하고 행동하기를 원합니다. 우리의 마음이 예수님의 마음을 닮아 사랑을 실천할 수 있도록 인도해 주옵소서. 예수님의 이름으로 기도합니다. 아멘.

암송 말씀

너희 아버지의 자비로우심 같이 너희도 자비로운 자가 되라 _누가복음 6:36

주기도문

2월 22일

나눔과 돌봄

신앙고백 | 사도신경

찬송 | 219, 220장

본문 말씀 | 사도행전 2장 44-47절

믿는 사람이 다 함께 있어 모든 물건을 서로 통용하고 또 재산과 소유를 팔아 각 사람의 필요를 따라 나눠 주며 날마다 마음을 같이하여 성전에 모이기를 힘쓰고 집에서 떡을 떼며 기쁨과 순전한 마음으로 음식을 먹고 하나님을 찬미하며 또 온 백성에게 칭송을 받으니 주께서 구원 받는 사람을 날마다 더하게 하시니라

초대 교회에 성령의 임재가 불같이 임했을 때 나타난 열매가 양선입니다. 양선은 '어질고 착한 마음으로 선을 베푼다'는 뜻으로, '착함, 선함, 선행'이라고 정의할 수 있습니다. 즉 자비를 가지고 사랑을 실천하는 것을 말합니다. 구제나 봉사와 같이 생활 속에서 선을 베푸는 행위가 이 양선의 열매에 해당합니다.

양선의 열매가 풍성히 맺어지던 초대 교회는 성도들이 사랑으로 하나 되어 서로 나누고 이웃을 돌보며 교제했습니다. 그들은 모든 물건을 함께 사용할 뿐만 아니라, 도움이 필요한 이웃을 위해 자신의 소유를 팔아 나누었습니다. 그 결과에 대해서 성경은 "그 중에 가난한 사람이 없으니"행 4:34라고 말씀합니다. 자비를 구체적으로 실천하는 양선의 열매가 가난이 없는 공동체를 이루게 한 것입니다.

우리도 초대 교회의 성도들처럼 나눔과 돌봄의 정신을 회복해야 합니다.

주변의 어려운 이웃을 돌아볼 줄 아는 마음의 여유를 갖는 것이 양선의 열매를 맺는 삶입니다.

나눔의 시간

국내나 국외 단기선교, 사회봉사 프로그램을 통해 다른 사람들을 도운 적이 있습니까? 그때의 경험과 마음에 대해서 나눠 봅시다.

결단의 시간

우리는 그리스도인으로서 양선의 열매를 맺어야 합니다. 그때에 예수님의 사랑이 구체적으로 표현됩니다. 각자의 삶의 터전에서 지금까지 어떻게 생활해 왔었는지 되돌아보면서 앞으로 양선의 열매를 맺는 삶을 살기로 결단합시다.

함께하는 기도

하나님 아버지, 우리 가정이 도움을 필요로 하는 사람을 향해 긍휼과 자비의 마음을 갖게 하시고, 우리에게 그들을 도울 수 있는 믿음과 용기를 주옵소서. 이웃을 돌보고 소유를 나누는 믿음의 가정이 되도록 역사해 주옵소서. 예수님의 이름으로 기도합니다. 아멘.

암송 말씀

믿는 사람이 다 함께 있어 모든 물건을 서로 통용하고 또 재산과 소유를 팔아 각 사람의 필요를 따라 나눠 주며 _사도행전 2:44-45

주기도문

2월 23일

사랑의 손을 내밀라

신앙고백 | 사도신경

찬송 | 420, 421장

본문 말씀 | 요한1서 3장 14-18절

우리는 형제를 사랑함으로 사망에서 옮겨 생명으로 들어간 줄을 알거니와 사랑하지 아니하는 자는 사망에 머물러 있느니라 그 형제를 미워하는 자마다 살인하는 자니 살인하는 자마다 영생이 그 속에 거하지 아니하는 것을 너희가 아는 바라 그가 우리를 위하여 목숨을 버리셨으니 우리가 이로써 사랑을 알고 우리도 형제들을 위하여 목숨을 버리는 것이 마땅하니라 누가 이 세상의 재물을 가지고 형제의 궁핍함을 보고도 도와줄 마음을 닫으면 하나님의 사랑이 어찌 그 속에 거하겠느냐 자녀들아 우리가 말과 혀로만 사랑하지 말고 행함과 진실함으로 하자

우리는 이 땅에 태어날 때 주먹을 꽉 쥐고 태어납니다. 마치 그 무엇도 포기하지 않고 꽉 움켜쥐려고 하는 사람의 모습을 대변하는 것 같습니다. 그러나 예수님의 일생은 포기와 희생으로부터 시작합니다. 하나님의 아들이라는 지위와 우주 만물의 통치자라는 특권을 버리셨습니다. 모든 것을 버린 채 초라한 죄인의 모습으로 오신 것입니다.

이제는 우리도 움켜쥔 손을 펴야 합니다. 이웃을 향해 사랑의 손, 희생의 손을 내밀고, 내가 가진 모든 것을 아낌없이 나눠야 합니다. 자기 포기, 자기희생이 없는 사랑은 실체가 없는 사랑이며 그저 말뿐인 사랑입니다. 내가 낮아지고 깨어지고 희생하고 베풀 때 비로소 껍데기뿐인 사랑이 아니라 알맹이가 있는 진실한 사랑을 할 수 있습니다.

나눔의 시간

혹시 가족을 사랑한다고 고백은 했지만 말뿐인 고백은 아니었습니까? 내가 가족을 사랑하기 때문에 가족을 위해 할 수 있는 일이 무엇이 있을지 생각해 보고 함께 나눠 봅시다.

결단의 시간

진정한 사랑은 미움을 이깁니다. 사랑 안에는 행함과 진실함이 있기 때문입니다. 이 시간 사랑해야 하는 대상을 행함과 진실함으로 섬기겠다고 결단합시다.

함께하는 기도

하나님 아버지, 말로만 사랑을 전하는 가짜 성도가 아니라, 행함과 진실함으로 사랑을 실천하는 진짜 성도가 되기를 원합니다. 미움과 시기와 질투와 다툼은 사라지고 오직 예수님의 사랑만 있는 삶과 가정이 되도록 지켜 주옵소서. 예수님의 이름으로 기도합니다. 아멘.

암송 말씀

자녀들아 우리가 말과 혀로만 사랑하지 말고 행함과 진실함으로 하자 _요한1서 3:18

주기도문

2월 24일

너희 선한 일을 보고

신앙고백 | 사도신경

찬송 | 446, 449장

본문 말씀 | 베드로전서 2장 10-12절

너희가 전에는 백성이 아니더니 이제는 하나님의 백성이요 전에는 긍휼을 얻지 못하였더니 이제는 긍휼을 얻은 자니라 사랑하는 자들아 거류민과 나그네 같은 너희를 권하노니 영혼을 거슬러 싸우는 육체의 정욕을 제어하라 너희가 이방인 중에서 행실을 선하게 가져 너희를 악행한다고 비방하는 자들로 하여금 너희 선한 일을 보고 오시는 날에 하나님께 영광을 돌리게 하려 함이라

21세기만큼 그리스도인을 향한 사회의 시선이 따가웠던 적이 없었던 것 같습니다. 교회를 헐뜯고 비난하는 목소리가 시간이 갈수록 점차 거세지고 있습니다. 때로는 하지도 않은 악행을 했다고 우기며 손가락질하고 정죄합니다. 오해와 갈등의 골이 점점 깊어지고 있습니다.

이런 사회 분위기 속에서 그리스도인이 중심을 잡기는 쉽지 않습니다. 상처를 받은 만큼 아픔을 되돌려 주고 싶을 때도 있습니다. 그러나 하나님께서 기뻐하시는 그리스도인의 모습은 다투고 싸우는 부끄러운 모습이 아닙니다.

악한 세상 속에서 사람을 이해하고 선을 베풀기는 쉽지 않습니다. 내 자존심을 내려놓고 용서하는 일은 마치 바보처럼 느껴지기도 합니다. 그러나 세상은 하나님의 원칙대로 움직입니다. 하나님께서는 "너희를 악행한다고 비방하는 자들로 하여금 너희 선한 일을 보고 오시는 날에 하나님께 영광을 돌리게 하려 함이라"고 말씀하십니다. 우리는 우리의 의를 내려놓고 예수님을 전하는 도구로 살아가야 합니다. 그때에 한 영혼이 주님께 돌아오는 기적을 보게 될 것입니다.

나눔의 시간

자신의 실수로 다른 사람을 불편하게 했던 적이나, 자신의 성과로 다른 사람이 칭찬받은 적이 있습니까? 함께 나눠 봅시다.

결단의 시간

우리의 선행은 하나님께 영광이 됩니다. 사람들이 우리의 선행을 보고 하나님을 생각하기 때문입니다. 하나님께 영광 돌리기 위해 우리가 처한 자리에서 선을 행할 것을 결단합시다.

함께하는 기도

하나님 아버지, 우리의 선한 행실이 하나님을 영화롭게 한다는 것을 기억하게 하시고, 이웃에게 사랑을 베풀도록 인도해 주옵소서. 예수님의 이름으로 기도합니다. 아멘.

암송 말씀

너희가 이방인 중에서 행실을 선하게 가져 너희를 악행한다고 비방하는 자들로 하여금 너희 선한 일을 보고 오시는 날에 하나님께 영광을 돌리게 하려 함이라 _베드로전서 2:12

주기도문

2월 25일

상대방의 말을 경청하라

신앙고백 | 사도신경

찬송 | 369, 370장

본문 말씀 | 로마서 14장 1-3절

믿음이 연약한 자를 너희가 받되 그의 의견을 비판하지 말라 어떤 사람은 모든 것을 먹을 만한 믿음이 있고 믿음이 연약한 자는 채소만 먹느니라 먹는 자는 먹지 않는 자를 업신여기지 말고 먹지 않는 자는 먹는 자를 비판하지 말라 이는 하나님이 그를 받으셨음이라

상처 입은 마음은 다른 사람에게 그 상처를 꺼내어 이야기 할 때 치유되기 시작합니다. 그러나 자신의 속마음을 누군가에게 이야기 하는 것은 쉽지 않습니다. 혹시라도 비웃음을 당하거나 소문이 날 것이 두려워 아픈 마음을 간직하며 괴로워합니다.

상담의 기본은 이러한 상처 입은 사람들의 이야기를 들어주는 것입니다. 누군가 우리에게 자신의 속 깊은 이야기를 꺼내 놓을 때 우리는 그의 이야기를 경청하고, 다 듣고 난 후에는 그의 입장이 되어 중보 기도해 주어야 합니다. 상대방이 한 마디 하면 두 마디 하고, 두 마디 하면 네 마디 하는 사람에게는 자신의 고민을 쉽게 꺼내 놓고 싶어하지 않습니다.

우리에게는 최고의 상담자가 계십니다. 바로 우리 주 예수 그리스도이십니다. 우리는 기도를 통해 우리의 모든 것을 주님께 아뢸 수 있습니다. 우리 마음의 속상한 것, 답답한 것, 괴로운 것, 슬픈 것을 낱낱이 상세하게 아뢰면 주님은 우리에게 참 평안을 주십니다. 주님은 사랑하는 자녀의 비밀을 폭로하시는 분도, 잘못된 선택을 했다고 해서 혼내시는 분도 아닙니다.

우리도 이웃을 대할 때 주님처럼 진심으로 들어주고 공감하며 이해해 주는 사람이 되어야 합니다. 그럴 때 우리는 많은 사람의 삶에 주님의 은혜를 끼칠 수 있습니다.

나눔의 시간

어떤 문제를 가지고 누군가에게 상담을 받은 적이 있습니까? 상담할 때, 상담자의 태도는 어떠했습니까? 그 모습이 나에게 어떤 감정을 일으켰습니까?

결단의 시간

예수님은 우리의 모든 기도를 들으시고 응답해 주십니다. 예수님의 제자인 우리도 이웃을 대할 때 작은 예수의 모습을 나타내기로 결단합시다.

함께하는 기도

하나님 아버지, 우리의 기도를 들으시는 주님처럼 우리도 다른 사람에 대하여 오래 참고 이해하는 마음을 가질 수 있기를 소망합니다. 성령께서 늘 우리와 함께하심으로 우리의 마음을 주관하여 주옵소서. 예수님의 이름으로 기도합니다. 아멘.

암송 말씀

먹는 자는 먹지 않는 자를 업신여기지 말고 먹지 않는 자는 먹는 자를 비판하지 말라 이는 하나님이 그를 받으셨음이라 _로마서 14:3

주기도문

2월 26일

친절한 말

신앙고백 | 사도신경

찬송 | 486, 500장

본문 말씀 | 잠언 12장 18-22절

칼로 찌름 같이 함부로 말하는 자가 있거니와 지혜로운 자의 혀는 양약과 같으니라 진실한 입술은 영원히 보존되거니와 거짓 혀는 잠시 동안만 있을 뿐이니라 악을 꾀하는 자의 마음에는 속임이 있고 화평을 의논하는 자에게는 희락이 있느니라 의인에게는 어떤 재앙도 임하지 아니하려니와 악인에게는 앙화가 가득하리라 거짓 입술은 여호와야훼께 미움을 받아도 진실하게 행하는 자는 그의 기뻐하심을 받느니라

우리는 말과 행동이 친절해야 합니다. 이것은 인격적인 문제와 관련되어 있습니다. 인격이 다듬어지고 성숙한 사람은 모든 사람에게 예의 바르고 친절합니다. 특별히 그리스도인은 자연스럽게 배어나는 친절로 본을 보여 성령의 열매를 맺으며 살아가야 합니다.

그리스도인은 행동뿐만 아니라 말도 늘 친절해야 합니다. 친절하지 못한 말은 상대방에게 칼로 찌르는 듯한 상처를 입힙니다. 그러나 지혜로운 사람은 말을 친절하고 덕 있게 함으로써 사람을 살리고 변화시키며 기쁨과 유익을 줍니다. 성경은 그러한 말을 하는 사람의 혀를 "양약과 같다"고 말씀합니다.

농담을 하더라도 마음을 상하게 하거나 무시하는 말을 해서는 안 됩니다. 우리는 늘 덕을 끼치는 말, 용기를 주는 말, 남을 살리는 말, 좋은 약과 같은 말을 해야 합니다. 우리 입술에서 나오는 말마다 다른 사람들을 축복하고 은혜를 끼치는 믿음의 사람이 되어야 합니다.

나눔의 시간

살면서 크게 위로가 되거나 감동을 받았던 말이 있습니까? 또는 인생의 큰 상처가 되었던 말이 있습니까? 함께 나누어 봅시다.

결단의 시간

'칼'과 같은 말이 있는 반면, '약'과 같은 말이 있습니다. 우리의 말을 잘 다듬고, 유익을 주는 친절한 말을 하기로 결단합시다.

함께하는 기도

하나님 아버지, 우리의 입술을 주장하여 주옵소서. 우리의 입술에서 다른 사람을 마음 아프게 하고, 상처를 주는 말들은 다 제거하여 주시고, 하나님의 사랑과 은혜만이 가득하게 하옵소서. 양약과 같은 유익한 말로 가득한 가정이 되기를 소망합니다. 예수님의 이름으로 기도합니다. 아멘.

암송 말씀

칼로 찌름 같이 함부로 말하는 자가 있거니와 지혜로운 자의 혀는 양약과 같으니라
_잠언 12:18

주기도문

2월 27일

진심이 전하는 감동

신앙고백 | 사도신경

찬송 | 502, 515장

본문 말씀 | 갈라디아서 6장 8-10절

자기의 육체를 위하여 심는 자는 육체로부터 썩어질 것을 거두고 성령을 위하여 심는 자는 성령으로부터 영생을 거두리라 우리가 선을 행하되 낙심하지 말지니 포기하지 아니하면 때가 이르매 거두리라 그러므로 우리는 기회 있는 대로 모든 이에게 착한 일을 하되 더욱 믿음의 가정들에게 할지니라

착한 사람 주변에는 사람들이 모입니다. 그러나 악한 사람 옆에는 친구가 없습니다. 물론 사람에게 잘 보이기 위해 잠깐 동안 착한 척을 할 수는 있습니다. 그러나 거짓된 선행은 오래 갈 수 없습니다.

『그 청년 바보 의사』의 저자 안수현 씨는 늘 환자들의 고통의 자리, 고난의 자리를 함께하며, 바보로 불릴 만큼 묵묵히 자신의 일을 감당하였습니다. 그는 진심으로 환자들을 치료했고, 그들이 구원받기를 간절히 원했습니다. 그래서 안수현씨는 아픈 이들에게 예수님을 전하고, 찬송가도 틀어 주고, 환자가 필요로 하는 모든 것을 아낌없이 베풀어 주었습니다. 환자들은 그런 안수현씨를 보고 "참 고마운 분이다. 그런데 그 의사 선생님, 예수님 믿는 분이래. 나도 그분이 믿는 예수님을 믿어야겠다"고 말했다고 합니다.

세상 사람들은 착한 사람을 보면 인생을 똑똑하게 살지 못하는 바보라고 생각합니다. 세상은 독하게 살아야 잘 살 수 있다고 말합니다. 하지만 그렇지 않습니다. 착한 사람의 진심어린 마음은 사람들을 감동시키고 마음의 변화를 일으킵니다. 우리가 예수님을 닮은 모습으로 착하게 살면 하나님께서 우리와 함께하십니다.

나눔의 시간

누군가에게 뜻하지 않은 선한 배려를 받아 감동받았던 일이 있습니까? 그 사람에 대해서 이야기를 나눠 봅시다.

결단의 시간

그리스도인은 선하게 살아야 합니다. 선한 삶으로 복음을 전하며, 하나님과 동행하는 삶을 살아야 합니다. 이 시간 세상을 변화시킬 만큼 선한 삶을 살 것을 결단합시다.

함께하는 기도

하나님 아버지, 우리 가정이 예수 그리스도를 삶으로 증거하기를 원합니다. 우리 가정이 양선의 열매를 맺을 수 있도록 인도해 주옵소서. 예수님의 이름으로 기도합니다. 아멘.

암송 말씀

우리가 선을 행하되 낙심하지 말지니 포기하지 아니하면 때가 이르매 거두리라
_갈라디아서 6:9

주기도문

2월 28일

짐을 서로 지라

신앙고백 | 사도신경

찬송 | 521, 524장

본문 말씀 | 갈라디아서 6장 2-5절

너희가 짐을 서로 지라 그리하여 그리스도의 법을 성취하라 만일 누가 아무 것도 되지 못하고 된 줄로 생각하면 스스로 속임이라 각각 자기의 일을 살피라 그리하면 자랑할 것이 자기에게는 있어도 남에게는 있지 아니하리니 각각 자기의 짐을 질 것이라

그동안 우리가 주님께 은혜를 받았다면 이제는 우리 주변으로 시선을 돌릴 때입니다. 혹시 믿음 생활을 하는 동역자 중 어려움에 처한 사람은 없습니까? 내 이웃 중 고통 속에 살아가는 사람은 없습니까? 성경은 우리의 주변에 연약한 이웃이 있다면 돌보아 주라고 말씀합니다. 그리스도인인 우리는 무엇보다 이 말씀에 순종해야 합니다.

먼저 우리는 함께 믿음 생활을 하면서 다른 사람을 뒤에서 판단하거나 수군대지 말고 서로를 사랑으로 품어 주고 도와주어야 합니다. 교회는 다양한 사람들이 모이는 곳이기에 서로 상처를 주고받을 수 있다는 것을 기억하고 내가 먼저 품어 주려는 마음을 가져야 합니다. 그리고 성전에 들어올 때나 나갈 때 질서를 잘 지켜 어르신들이 힘들지 않도록 배려해야 합니다. 교회 안팎에서 예배나 행사를 진행할 때 노약자를 보호하고 장애인이 어려움을 당하지 않도록 주의를 기울여야 합니다. 이러한 배려의 실천이 바로 '짐을 서로 지는 것' 입니다.

나눔의 시간

거리에서나 교회에서 어려움을 당한 사람을 도와준 경험이 있습니까? 어떤 마음으로, 왜 도왔습니까? 그때 마음을 나누어 봅시다.

결단의 시간

우리는 우리보다 약한 이웃을 먼저 배려하고 도와야 합니다. 우리가 실천할 수 있는 선행은 무엇이 있을지 생각해 보고, 어려운 이웃의 짐을 함께 지기로 결단합시다.

함께하는 기도

하나님 아버지, 친절과 배려가 풍성한 믿음의 가정이 되기를 원합니다. 우리 가정에 이웃을 이해할 수 있는 마음을 주시고, 그들을 먼저 도울 수 있는 열정을 허락해 주옵소서. 예수님의 이름으로 기도합니다. 아멘.

암송 말씀

너희가 짐을 서로 지라 그리하여 그리스도의 법을 성취하라 _갈라디아서 6:2

주기도문

March 충성_온유_절제

3월

March

3월 1일

하나님의 부르심

신앙고백 | 사도신경

찬송 | 311, 314장

본문 말씀 | 사사기 6장 14-16절

여호와야훼께서 그를 향하여 이르시되 너는 가서 이 너의 힘으로 이스라엘을 미디안의 손에서 구원하라 내가 너를 보낸 것이 아니냐 하시니라 그러나 기드온이 그에게 대답하되 오 주여 내가 무엇으로 이스라엘을 구원하리이까 보소서 나의 집은 므낫세 중에 극히 약하고 나는 내 아버지 집에서 가장 작은 자니이다 하니 여호와야훼께서 그에게 이르시되 내가 반드시 너와 함께 하리니 네가 미디안 사람 치기를 한 사람을 치듯 하리라 하시니라

'충성'은 헬라어로 '페이도', '피스더스', '피스토스'라고 합니다. 이 단어의 어근인 '페이도'는 '설득을 당하다'라는 뜻입니다. 즉 충성은 하나님께 설득되어 하나님을 성실하게 섬기는 태도를 말합니다.

하나님께서 미디안의 지배로부터 이스라엘을 구원하기 위해 기드온을 사사로 부르셨을 때, 그는 보잘것없는 사람이었습니다. 미디안 사람들의 공격이 무서워 타작마당이 아닌 포도주 틀에서 타작하는 겁쟁이였습니다. 그는 자신을 부르시는 하나님께 "내가 무엇으로 이스라엘을 구원하리이까"라며 자신감 없는 모습을 보였습니다.

그러나 하나님께서는 그런 기드온을 설득하셨습니다. 기드온을 통해 이스라엘과 동행하시고, 승리를 주실 것을 약속하셨습니다. 결국 하나님께 설득당한 기드온은 하나님의 부르심에 충성합니다. 성실하게 하나님의 말씀을 이

행합니다. 그리고 3백 명의 군사와 함께 13만 5천 명이나 되는 미디안의 군대를 쳐서 승리하는 위대한 역사를 이루었습니다.

나눔의 시간

하나님께서 기드온을 부르셨던 것처럼 나를 부르신다면 어떻게 하겠습니까? 나를 향한 하나님의 부르심이 무엇인지 나눠 봅시다.

결단의 시간

하나님의 부르심을 받았다면 순종해야 합니다. 가정과 직장과 이웃과 교회를 위해 오늘 우리에게 주시는 하나님의 말씀에 순종하기로 결단합시다.

함께하는 기도

하나님 아버지, 나와 우리 가정이 기드온같이 쓰임 받기 원합니다. 하나님의 말씀에 성실하게 순종하는 충성스런 삶과 가정이 되도록 인도해 주옵소서. 예수님의 이름으로 기도합니다. 아멘.

암송 말씀

여호와야훼께서 그를 향하여 이르시되 너는 가서 이 너의 힘으로 이스라엘을 미디안의 손에서 구원하라 내가 너를 보낸 것이 아니냐 하시니라 _사사기 6:14

주기도문

3월 2일

맡은 자들에게 구할 것

신앙고백 | 사도신경

찬송 | 328, 330장

본문 말씀 | 고린도전서 4장 1–4절

사람이 마땅히 우리를 그리스도의 일꾼이요 하나님의 비밀을 맡은 자로 여길지어다 그리고 맡은 자들에게 구할 것은 충성이니라 너희에게나 다른 사람에게나 판단 받는 것이 내게는 매우 작은 일이라 나도 나를 판단하지 아니하노니 내가 자책할 아무 것도 깨닫지 못하나 이로 말미암아 의롭다 함을 얻지 못하노라 다만 나를 심판하실 이는 주시니라

교회에서 직분을 받았다는 것은 교회를 섬기는 일꾼으로 선택되었다는 의미입니다. 따라서 우리는 직분을 받기 전과 후의 모습이 달라져야 합니다. 우리가 직분을 받기 전에는 때로 불평도 하고 주님 일에 온 힘을 다하지 못했을 수 있습니다. 그러나 직분을 받은 후에는 원망과 불평보다 감사를 말해야 하며, 주님을 열심히 섬겨야 합니다. 우리의 모습 속에서 주님의 영광이 나타나야 합니다.

어떤 사람은 직분과 훈장을 착각하기도 합니다. 직분을 받아 놓고 사람을 훈계하고 다스리려고 합니다. 마치 자신이 대단한 사람이 된 것처럼 행동합니다. 그러나 주님은 부족한 우리를 귀하게 보시고 직분을 맡기신 것입니다. 사도 바울은 "나를 능하게 하신 그리스도 예수 우리 주께 내가 감사함은 나를 충성되이 여겨 내게 직분을 맡기심이니"딤전 1:12라고 말했습니다. 또한 그는 본문의 말씀처럼 "맡은 자들에게 구할 것은 충성이니라"고 말했습니다. 직분을 받은 사람들에게 요구되는 것은 권위가 아니라 충성입니다. 우리는 "주님, 기쁨으로 주님을 섬기기 원합니다"라고 고백하는 일꾼이 되어야 합니다.

나눔의 시간

최근 가장 온 힘을 다했던 일은 어떤 것입니까? 그 일을 대하던 우리의 자세와 태도에 대해서 나눠 봅시다. 더불어 내가 하나님의 일을 할 때는 어떤지 비교해 봅시다.

결단의 시간

하나님께서 우리에게 주신 직분은 무엇입니까? 그 직분을 감당하기 위해서 우리가 할 수 있는 헌신을 생각해 보고 실천하기로 결단합시다.

함께하는 기도

하나님 아버지, 하나님께서 주신 직분을 감당하는 삶과 가정이 되기를 원합니다. 각자의 자리에서 주님의 영광을 위해 충성할 수 있도록 인내와 용기를 주옵소서. 예수님의 이름으로 기도합니다. 아멘.

암송 말씀

그리고 맡은 자들에게 구할 것은 충성이니라 _고린도전서 4:2

주기도문

3월 3일

주께 하듯 하라

신앙고백 | 사도신경

찬송 | 79, 96장

본문 말씀 | 골로새서 3장 22-24절

종들아 모든 일에 육신의 상전들에게 순종하되 사람을 기쁘게 하는 자와 같이 눈가림만 하지 말고 오직 주를 두려워하여 성실한 마음으로 하라 무슨 일을 하든지 마음을 다하여 주께 하듯 하고 사람에게 하듯 하지 말라 이는 기업의 상을 주께 받을 줄 아나니 너희는 주 그리스도를 섬기느니라

무슨 일이든 포기하지 않고 꾸준히 해내고야 마는 사람을 우리는 성실하다고 평가합니다. 성실한 사람은 어디에 가든 환영받으며 실력을 인정받습니다. 그리스도인이 갖춰야 할 덕목 중 하나가 바로 성실함입니다.

그리스도인의 성실함에는 한 가지 의미가 추가됩니다. '무슨 일을 하든지 하나님 앞에서 하듯이 하라'는 것입니다. 우리는 누가 보면 열심히 일하고 아무도 보지 않으면 대충하는 것이 아니라, 누가 보든지 보지 않든지, 알아주든지 알아주지 않든지 온 힘을 다해야 합니다.

성실한 사람이 많은 회사는 성공할 수밖에 없습니다. 그들은 매사에 성실히 행하기 때문에 하는 일마다 큰 성과를 냅니다. 반대로 성실하지 못한 사람은 회사와 공동체에 손해를 끼칩니다. 그런 사람에게는 어떤 일을 맡겨도 흐지부지하게 끝나고 맙니다.

그리스도인은 주님의 영광을 위해 언제 어디서나 주님께 하듯 일해야 합니다. 주님께 충성하는 마음으로 주어진 일을 성실히 해내야 합니다. 그렇게 세상에 밀알과 소금이 되어야 합니다.

나눔의 시간

직장에서 상사가 있을 때와 없을 때 나의 근무 태도가 달라지지는 않습니까? 또한 학교에서 선생님이 없을 때 나의 행동은 어떻습니까?

결단의 시간

그리스도인은 주님을 바라보는 사람입니다. 오늘 우리의 삶의 자리에서 무엇이든 맡겨진 일을 주께 하듯 충성하기로 결단합시다.

함께하는 기도

하나님 아버지, 사람들의 눈이 아니라 주님의 눈을 의식하는 삶이 되기를 원합니다. 모든 일에 주께 하듯 충성하는 종이 되기를 원합니다. 성실과 인내로 충성할 수 있는 자녀가 되도록 인도해 주옵소서. 예수님의 이름으로 기도합니다. 아멘.

암송 말씀

무슨 일을 하든지 마음을 다하여 주께 하듯 하고 사람에게 하듯 하지 말라 _골로새서 3:23

주기도문

3월 4일

믿음과 충성

신앙고백 | 사도신경

찬송 | 338, 342장

본문 말씀 | 마태복음 8장 7-10절

이르시되 내가 가서 고쳐 주리라 백부장이 대답하여 이르되 주여 내 집에 들어오심을 나는 감당하지 못하겠사오니 다만 말씀으로만 하옵소서 그러면 내 하인이 낫겠사옵나이다 나도 남의 수하에 있는 사람이요 내 아래에도 군사가 있으니 이더러 가라 하면 가고 저더러 오라 하면 오고 내 종더러 이것을 하라 하면 하나이다 예수께서 들으시고 놀랍게 여겨 따르는 자들에게 이르시되 내가 진실로 너희에게 이르노니 이스라엘 중 아무에게서도 이만한 믿음을 보지 못하였노라

어느 날 백부장이 예수님을 찾아왔습니다. 하인의 중풍병을 고치기 위해서였습니다. 예수님께서는 간구하는 백부장의 모습을 보시고 그의 집으로 가시려고 했습니다. 그때 백부장의 입에서 놀라운 신앙고백이 나옵니다. "다만 말씀으로만 하옵소서 그러면 내 하인이 낫겠사옵나이다" 예수님께서 집에 오지 않으셔도, 말씀만 하시면 하인의 병이 떠나갈 것이라는 믿음의 고백입니다. 예수님의 단 한마디로 세상 모든 악한 것들을 굴복시킨다고 믿는 충성의 고백입니다.

이처럼 충성하기 위해서는 믿음이 필요합니다. 믿음과 충성은 불가분의 관계이기 때문입니다. 백부장의 믿음은 예수님에 대한 절대적인 충성의 자세를 보여 줍니다. 우리도 예수님을 믿는다면 예수님께 충성하는 자세를 가져야 합니다. 또한 예수님께 충성함으로 믿음을 확증해야 합니다.

나눔의 시간

하나님을 향한 충성은 부모님의 말씀을 잘 듣는 데서 시작합니다. 혹시 부모님 말씀에 순종하지 않아 후회했던 적이 있습니까?

결단의 시간

가정에서 부모님께 순종하지 않으면서 하나님께 충성한다는 것은 불가능한 일입니다. 먼저 가정에서 부모님의 말씀에 순종함으로 하나님께 대한 충성을 훈련하기로 결단합시다.

함께하는 기도

하나님 아버지, 우리가 순종하고 충성하는 믿음의 가정이 되기를 소망합니다. 부모님께 순종하는 자녀가 되도록 인도해 주시고, 하나님의 말씀에 충성하는 부모가 될 수 있도록 역사해 주옵소서. 예수님의 이름으로 기도합니다. 아멘.

암송 말씀

예수께서 백부장에게 이르시되 가라 네 믿은 대로 될지어다 하시니 그 즉시 하인이 나으니라 _마태복음 8:13

주기도문

3월 5일

충성의 결단

신앙고백 | 사도신경

찬송 | 370, 390장

본문 말씀 | 민수기 14장 7–9절

이스라엘 자손의 온 회중에게 말하여 이르되 우리가 두루 다니며 정탐한 땅은 심히 아름다운 땅이라 여호와야훼께서 우리를 기뻐하시면 우리를 그 땅으로 인도하여 들이시고 그 땅을 우리에게 주시리라 이는 과연 젖과 꿀이 흐르는 땅이니라 다만 여호와야훼를 거역하지는 말라 또 그 땅 백성을 두려워하지 말라 그들은 우리의 먹이라 그들의 보호자는 그들에게서 떠났고 여호와야훼는 우리와 함께 하시느니라 그들을 두려워하지 말라 하나

충성심의 사전적 의미는 진정으로 우러나오는 정성스러운 마음입니다. 그렇다면 우리가 하나님께 충성하기 위해서는 어떤 마음가짐을 가져야 할까요? 이를 알기 위해 우리는 모세가 가나안에 보낸 열두 정탐꾼을 살펴볼 필요가 있습니다.

이스라엘 백성은 오랜 광야 생활을 거쳐 드디어 약속의 땅 가나안 앞에 왔습니다. 모세는 신중한 마음으로 열두 정탐꾼을 세워 마을로 보냈습니다. 그런데 정탐을 마치고 돌아온 열두 명의 의견은 둘로 나눠졌습니다. 열 명의 정탐꾼은 "우리는 그들을 칠 수 없습니다. 그들은 키가 크고 우리보다 강합니다. 그들과 비교하면 우리는 메뚜기와 같습니다"라고 말했습니다. 하지만 여호수아와 갈렙은 "그 땅은 젖과 꿀이 흐르는 아름다운 땅입니다. 그들은 우리의 먹이입니다. 하나님께서 함께하시니 그들을 두려워하지 마십시오"라고 강하게 말했습니다.

열 명의 정탐꾼의 마음에는 처음부터 '불가능한 일'이라는 생각이 있었을 것입니다. 그러나 여호수아와 갈렙은 달랐습니다. '하나님께서 함께하시니 반드시 이루어진다'는 믿음이 있었습니다. 또한 그 믿음이 있었기에 이스라엘 백성은 하나님의 명령에 순종하여 여리고 성을 함락시킬 수 있었습니다.

나눔의 시간

새로운 도전을 할 때 이루어지지 않을 것이라 단정 짓고 두려워하여 시도조차 못했던 경험이 있습니까? 그때의 상황에 대해서 나눠 봅시다.

결단의 시간

근심하지 않으려면 믿음이 있어야 합니다. 믿음이 평안의 열쇠입니다. 여리고 성과 같은 문제라도 믿음으로 극복하겠다고 결단합시다.

함께하는 기도

하나님 아버지, 주님께서 주시는 평안을 누리기 원합니다. 우리 삶이 늘 평안할 수 있도록 인도해 주옵소서. 예수님의 이름으로 기도합니다. 아멘.

암송 말씀

다만 여호와야훼를 거역하지는 말라 또 그 땅 백성을 두려워하지 말라 그들은 우리의 먹이라 그들의 보호자는 그들에게서 떠났고 여호와야훼는 우리와 함께 하시느니라 그들을 두려워하지 말라 하나 _민수기 14:9

주기도문

3월 6일

잘못된 충성

신앙고백 | 사도신경

찬송 | 276, 280장

본문 말씀 | 갈라디아서 1장 13-14절

내가 이전에 유대교에 있을 때에 행한 일을 너희가 들었거니와 하나님의 교회를 심히 박해하여 멸하고 내가 내 동족 중 여러 연갑자보다 유대교를 지나치게 믿어 내 조상의 전통에 대하여 더욱 열심이 있었으나

회심하기 전 바울은 유대교의 전통과 율법을 지키고 보존하는 일에 지나칠 정도로 열정을 쏟아부었습니다. 바울은 '내 동족 중 여러 연갑자보다' 유대교의 전통과 율법을 더 열심히 따랐다고 말했습니다. 여기서 '연갑자'란 바울과 나이가 비슷한 '동료들, 동년배, 혹은 동시대 사람들'을 지칭합니다. 즉, 바울은 다른 어떤 유대인들보다 율법을 더 열심히 지키고 따랐다는 말입니다.

바울은 남다른 열정으로 그리스도인을 박해하고 심지어 죽음에 이르게 했습니다. 이러한 열정은 잘못된 충성심에서 나온 것입니다. 그런 바울이 다메섹으로 가던 중 예수님을 만나고 새로운 삶을 살게 됩니다. 바울은 회심 후에 유대교를 향한 과거 자신의 열심과 야망이 잘못된 것이었음을 고백하였습니다.

주님을 향한 '참된 충성'은 종교적인 형식이나 의식에 치우치지 않고 날마다 주님과 동행할 때 발휘됩니다. 예수님께서 내 마음 한가운데 구세주로 와

계실 때 비로소 우리는 참된 신앙인이 될 수 있습니다.

나눔의 시간

교회 일에 충성하면서 가족이나 친구의 마음을 아프게 한 적이 있습니까? 우리 삶에는 종교적인 형식에 얽매인 충성이 없는지 되돌아봅시다.

결단의 시간

주님을 체험하는 신앙을 가져야 참된 충성을 할 수 있습니다. 주님을 체험하며 주님과 동행함으로 참되고 충성된 삶을 살 것을 결단합시다.

함께하는 기도

하나님 아버지, 종교적으로 얽매인 충성이 아니라 하나님의 영광을 위해 충성하는 가정이 되기를 소망합니다. 주님을 깊이 체험하며, 주님과 동행하는 삶이 될 수 있도록 역사해 주옵소서. 예수님의 이름으로 기도합니다. 아멘.

암송 말씀

이제 내가 사람들에게 좋게 하랴 하나님께 좋게 하랴 사람들에게 기쁨을 구하랴 내가 지금까지 사람들의 기쁨을 구하였다면 그리스도의 종이 아니니라 _갈라디아서 1:10

주기도문

3월 7일

우리의 상급

신앙고백 | 사도신경

찬송 | 365, 369장

본문 말씀 | 야고보서 2장 17-20절

이와 같이 행함이 없는 믿음은 그 자체가 죽은 것이라 어떤 사람은 말하기를 너는 믿음이 있고 나는 행함이 있으니 행함이 없는 네 믿음을 내게 보이라 나는 행함으로 내 믿음을 네게 보이리라 하리라 네가 하나님은 한 분이신 줄을 믿느냐 잘하는도다 귀신들도 믿고 떠느니라 아아 허탄한 사람아 행함이 없는 믿음이 헛것인 줄을 알고자 하느냐

예수님께서 우리에게 주신 명령이 있습니다. "가서 복음을 전하라"는 것입니다. 우리는 먼저 구원의 감격을 경험한 사람으로서 하나님의 뜻에 따라 복음을 전하며 살아야 합니다.

우리가 하나님 말씀에 충성하기 위해서는 믿음이 있어야 하듯이, 우리의 믿음에는 행위가 따라야 합니다. 물론 우리가 행위로 구원받거나 복을 받는 것은 아닙니다. 그러나 우리의 행위는 곧 열매가 되고, 하늘의 상급으로 쌓입니다. 이는 기관차와 객차의 관계와 같습니다. 기관차는 뒤에 객차가 연결되어 있지 않아도 달려갈 수 있습니다. 이와 마찬가지로 구원은 기관차에 해당하는 믿음 하나면 충분합니다. 누구든지 예수 그리스도를 믿기만 하면 하나님의 은혜로 구원받아 천국에 갑니다. 하지만 기관차가 뒤에 객차를 연결하면 많은 사람을 태우고 갈 수 있습니다. 이처럼 우리의 믿음은 객차에 해당하는 행위를 통해 천국에 갈 때까지 선한 열매를 많이 맺어야 합니다. 그 열매가 마지막 날에 우리의 상급이 될 것입니다.

나눔의 시간

부모님을 사랑합니까? 자녀를 사랑합니까? 형제자매를 사랑합니까? 그동안 표현하지 못했던 우리의 사랑을 표현해 봅시다.

결단의 시간

믿음과 행위가 불가분의 관계인 것처럼, 가족 간에도 사랑하는 마음이 표현되어야 합니다. 우리가 할 수 있는 사랑을 표현하기로 결단합시다.

함께하는 기도

하나님 아버지, 행함이 없는 믿음이 죽은 믿음인 것처럼, 표현되지 않는 사랑도 죽은 사랑인 것을 인정합니다. 우리 가정이 믿음으로 사랑을 실천하고 행할 수 있도록 인도해 주시고, 사랑이 넘치도록 역사해 주옵소서. 예수님의 이름으로 기도합니다. 아멘.

암송 말씀

이와 같이 행함이 없는 믿음은 그 자체가 죽은 것이라 _야고보서 2:17

주기도문

3월 8일

충성된 일꾼

신앙고백 | 사도신경

찬송 | 318, 321장

본문 말씀 | 빌립보서 2장 27-30절

그가 병들어 죽게 되었으나 하나님이 그를 긍휼히 여기셨고 그뿐 아니라 또 나를 긍휼히 여기사 내 근심 위에 근심을 면하게 하셨느니라 그러므로 내가 더욱 급히 그를 보낸 것은 너희로 그를 다시 보고 기뻐하게 하며 내 근심도 덜려 함이니라 이러므로 너희가 주 안에서 모든 기쁨으로 그를 영접하고 또 이와 같은 자들을 존귀히 여기라 그가 그리스도의 일을 위하여 죽기에 이르러도 자기 목숨을 돌보지 아니한 것은 나를 섬기는 너희의 일에 부족함을 채우려 함이니라

빌립보서가 쓰여질 당시 사람들은 '어떻게 하면 편하게 살까? 어떻게 하면 쾌락에 취해 살아갈까?' 하는 문제를 우선시했습니다. 그러나 그리스도인들은 달랐습니다. 그들은 그리스도 예수의 일을 삶의 최고 목적으로 삼았습니다.

본문에 소개되고 있는 에바브로디도도 마찬가지였습니다. 그는 주님의 일을 하다가 심각할 정도로 건강을 해치게 되었습니다. 그러나 이에 아랑곳하지 않고 예수 그리스도를 위하여 끝까지 충성했습니다. 그의 생애에서 주님보다 더 중요한 일은 없었습니다.

주님의 일을 하다 보면 고난당할 때도 있습니다. 그렇지만 주님과의 동행하는 것을 삶의 우선순위로 둔다면 고난은 영적 성숙을 위한 연단의 과정이 됩니다. 에바브로디도는 죽음이 몰려오는 순간에도 주님의 일을 끝까지 포기하지 않았습니다. 그의 열정은 질병과 죽음의 공포도 멈추게 할 수 없었습니다. 삶 가운데 어려움이 있어도 그리스도를 위하여 끝까지 포기하지 않는 것이 바로 충성입니다.

나눔의 시간

현재 우리의 삶에 우선순위는 무엇입니까? 개인적으로 또는 가정에서 가장 많은 재정과 시간을 어디에 사용하고 있는지 나눠 봅시다.

결단의 시간

무엇보다 그리스도를 위하는 것이 충성입니다. 시간과 재정과 정성을 다하여 예배하는 일에 충성하기로 결단합시다.

함께하는 기도

하나님 아버지, 무엇보다 그리스도를 위하는 삶과 가정이 될 수 있도록 인도해 주옵소서. 예배하는 일에 충성하는 가정이 되기를 소망합니다. 예수님의 이름으로 기도합니다. 아멘.

암송 말씀

그가 그리스도의 일을 위하여 죽기에 이르러도 자기 목숨을 돌보지 아니한 것은 나를 섬기는 너희의 일에 부족함을 채우려 함이니라 _빌립보서 2:30

주기도문

3월 9일

비록 가시밭길이라 해도

신앙고백 | 사도신경

찬송 | 322, 324장

본문 말씀 | 룻기 1장 14-17절

그들이 소리를 높여 다시 울더니 오르바는 그의 시어머니에게 입 맞추되 룻은 그를 붙좇았더라 나오미가 또 이르되 보라 네 동서는 그의 백성과 그의 신들에게로 돌아가나니 너도 너의 동서를 따라 돌아가라 하니 룻이 이르되 내게 어머니를 떠나며 어머니를 따르지 말고 돌아가라 강권하지 마옵소서 어머니께서 가시는 곳에 나도 가고 어머니께서 머무시는 곳에서 나도 머물겠나이다 어머니의 백성이 나의 백성이 되고 어머니의 하나님이 나의 하나님이 되시리니 어머니께서 죽으시는 곳에서 나도 죽어 거기 묻힐 것이라 만일 내가 죽는 일 외에 어머니를 떠나면 여호와야훼께서 내게 벌을 내리시고 더 내리시기를 원하나이다 하는지라

두 아들을 잃은 나오미는 며느리들에게 고향으로 돌아가라고 권고합니다. 그러나 룻은 나오미를 따르겠다고 청합니다. 룻이 자신의 고향을 버리고 이방인에게 배타적인 베들레헴으로 간다는 것은 웬만한 충성과 헌신이 아니고서는 불가능한 일이었습니다. 더구나 가정의 경제를 책임질 남자가 하나도 없는 상황에서 그 길은 가시밭길과 같았을 것입니다.

그러나 룻은 그런 상황에서도 나오미를 버리지 않았습니다. 모압에서 섬기던 신을 버리고 하나님을 섬기며 이스라엘 백성으로 살아가겠다고 결단했습니다. 룻의 이러한 충성과 헌신은 결국 나오미의 마음을 움직였습니다. 룻의 동행을 허락한 것입니다.

룻의 충성은 나오미뿐 아니라, 하나님의 마음도 움직였습니다. 하나님께서는 그들이 1년 중 가장 풍요로운 보리 추수 때에 베들레헴에 도착하게 하셨습니다. 그리고 룻이 보아스의 은혜를 입도록 만드셨습니다. 더 나아가 이방 여인의 신분인 룻에게 다윗의 증조모가 되어 예수 그리스도의 족보에 이름을 올리는 영광을 허락하셨습니다.

나눔의 시간

살다 보면 쉽지 않지만, 꼭 해야 하는 일이 있습니다. 부모님 말씀에 순종하거나 가정에 충성하는 일입니다. 지금 우리에게 필요한 충성의 모습은 어떤 모습인지 나눠 봅시다.

결단의 시간

우리가 하나님 말씀에 충성할 때 하나님께서는 우리를 기쁨의 길로 인도해 주실 것입니다. 때로는 그 충성의 길이 가시밭길처럼 느껴질지라도 말씀에 순종할 것을 결단합시다.

함께하는 기도

하나님 아버지, 나오미와 하나님의 마음을 움직였던 충성이 우리에게도 있기를 소망합니다. 충성스런 삶과 가정이 되도록 인도해 주옵소서. 예수님의 이름으로 기도합니다. 아멘.

암송 말씀

어머니께서 죽으시는 곳에서 나도 죽어 거기 묻힐 것이라 만일 내가 죽는 일 외에 어머니를 떠나면 여호와야훼**께서 내게 벌을 내리시고 더 내리시기를 원하나이다 하는지라** _룻기 1:17

주기도문

3월 10일

하나님께서 기뻐하시는 제물

신앙고백 | 사도신경

찬송 | 31, 50장

본문 말씀 | 로마서 12장 1-3절

그러므로 형제들아 내가 하나님의 모든 자비하심으로 너희를 권하노니 너희 몸을 하나님이 기뻐하시는 거룩한 산 제물로 드리라 이는 너희가 드릴 영적 예배니라 너희는 이 세대를 본받지 말고 오직 마음을 새롭게 함으로 변화를 받아 하나님의 선하시고 기뻐하시고 온전하신 뜻이 무엇인지 분별하도록 하라 내게 주신 은혜로 말미암아 너희 각 사람에게 말하노니 마땅히 생각할 그 이상의 생각을 품지 말고 오직 하나님께서 각 사람에게 나누어 주신 믿음의 분량대로 지혜롭게 생각하라

우리는 종종 "주고도 욕먹는다"는 말을 합니다. 기껏 준비한 선물이 정작 받는 사람에게 필요한 물건이 아니었거나, 정성을 담지 못해 서로 마음만 상했을 때 이러한 말을 하게 됩니다. 그러므로 우리는 누군가에게 선물할 때는 받는 사람의 상황과 처지를 배려해야 합니다. 그리고 정성 어린 마음을 담아야 합니다. 받는 사람이 기뻐할 만한 것, 감동할 만한 것으로 준비해야 합니다.

내 것을 하나님께 드릴 때도 마찬가지입니다. 우리는 주님께서 진정으로 원하시고 기뻐하시는 것이 무엇일까를 고민해야 합니다. 적당한 선에서 내가 드릴 수 있는 만큼만 정해 대충 드리는 것은 하나님께서도 기뻐하지 않으십니다. 바울은 성도들에게 "너희 몸을 하나님이 기뻐하시는 거룩한 산 제물로 드리라"고 권면합니다. 마치 구약시대에 제물을 불에 태워 번제를 드렸던 것처럼, 우리의 모든 것을 드려야 한다는 말입니다. 예수님께서도 자신의 온몸을 희생하심으로 우리를 향한 사랑을 나타내 보여 주셨습니다. 이처럼 우리에게는 주님께서 원하신다면 내 생명까지도 아낌없이 드리겠다는 믿음의 고백이 있어야 합니다.

나눔의 시간

지금까지 받은 선물 중 가장 기억에 남는 것은 무엇입니까? 그 선물이 인상 깊게 남아있는 이유는 무엇입니까?

결단의 시간

하나님께서는 우리의 일부가 아니라 전부를 원하십니다. 하나님을 기쁘시게 하는 제물은 우리의 모든 것을 드리는 헌신입니다. 지금까지 하나님께 드리지 못하고 있던 것까지도 헌신하기로 결단합시다.

함께하는 기도

하나님 아버지, 돈, 사랑, 명예, 권력보다 주님을 더 사랑하기 원합니다. 주님께 삶의 전부를 드릴 수 있는 마음을 허락해 주옵소서. 주님께서 기뻐하시는 삶과 가정이 되도록 인도해 주옵소서. 예수님의 이름으로 기도합니다. 아멘.

암송 말씀

그러므로 형제들아 내가 하나님의 모든 자비하심으로 너희를 권하노니 너희 몸을 하나님이 기뻐하시는 거룩한 산 제물로 드리라 이는 너희가 드릴 영적 예배니라 _로마서 12:1

주기도문

3월 11일

스트레스 치료법

신앙고백 | 사도신경

찬송 | 484, 488장

본문 말씀 | 누가복음 4장 18-21절

주의 성령이 내게 임하셨으니 이는 가난한 자에게 복음을 전하게 하시려고 내게 기름을 부으시고 나를 보내사 포로 된 자에게 자유를, 눈 먼 자에게 다시 보게 함을 전파하며 눌린 자를 자유롭게 하고 주의 은혜의 해를 전파하게 하려 하심이라 하였더라 책을 덮어 그 맡은 자에게 주시고 앉으시니 회당에 있는 자들이 다 주목하여 보더라 이에 예수께서 그들에게 말씀하시되 이 글이 오늘 너희 귀에 응하였느니라 하시니

요즘 사람들은 화를 잘 참지 못하는 것 같습니다. 분을 마음에 품고 살아갑니다. 길을 가다가 다른 사람과 부딪치면 사과는커녕 화부터 냅니다. 심지어 자신과 눈이 마주쳤다거나 외모가 마음에 들지 않는다는 이유로 시비를 걸기도 합니다.

화를 잘 참지 못하는 사람과 이야기를 나눠 보면 마음에 스트레스가 많이 쌓여 있다는 것을 알게 됩니다. 이 스트레스를 어디에든 풀어야 하는데 마땅히 풀 곳이 없습니다. 생활도 온전해지지 않습니다. 대인관계에서도 역시 갈등만 생깁니다.

우리는 이런 아픔과 상처로 가득한 사람에게 무조건 참으라고 말할 수는 없습니다. 스트레스에서 오는 화는 참을수록 더 큰 상처를 남깁니다. 스트레스 치료법은 오직 주님과 함께하는 시간뿐입니다. 화가 날 때마다, 마음에 스트레스가 넘칠 때마다 그 아픔과 괴로움을 하나님께 꺼내 놓으십시오. 하나님 앞에서는 체면치레하지 않아도 됩니다. 우리가 하나님께 마음껏 이야기할 때 하나님께서는 우리의 눌린 영혼을 일으켜 세우시고, 홀가분하고 기쁜 새 마음을 허락하실 것입니다.

나눔의 시간

삶의 큰 위로와 평안을 주셨던 주님의 은혜에 대한 체험이 있습니까? 최근에 삶 속에서 받았던 하나님의 은혜에 대해서 나눠 봅시다.

결단의 시간

스트레스는 나도 모르는 사이 내 안에 씨앗을 뿌리고 싹을 틔웁니다. 늘 마음을 하나님께 점검받고 온유한 마음을 간직하기로 결단합시다.

함께하는 기도

하나님 아버지, 우리 안에 그 어떤 스트레스도 남아있지 않도록 항상 깨끗하게 씻어 주옵소서. 항상 즐겁고 기쁜 마음으로 주님께 받은 은혜를 흘려보내게 해주옵소서. 예수님의 이름으로 기도합니다. 아멘.

암송 말씀

주의 성령이 내게 임하셨으니 이는 가난한 자에게 복음을 전하게 하시려고 내게 기름을 부으시고 나를 보내사 포로 된 자에게 자유를, 눈 먼 자에게 다시 보게 함을 전파하며 눌린 자를 자유롭게 하고 _누가복음 4:18

주기도문

3월 12일

온유한 사람은

신앙고백 | 사도신경

찬송 | 445, 446장

본문 말씀 | 시편 37편 10-13절

잠시 후에는 악인이 없어지리니 네가 그 곳을 자세히 살필지라도 없으리로다 그러나 온유한 자들은 땅을 차지하며 풍성한 화평으로 즐거워하리로다 악인이 의인 치기를 꾀하고 그를 향하여 그의 이를 가는도다 그러나 주께서 그를 비웃으시리니 그의 날이 다가옴을 보심이로다

온유는 '부드러움'을 뜻합니다. 온유한 사람은 스펀지처럼 부드럽습니다. 이런 사람은 갈등을 일으키기보다는 위로와 따뜻함으로 사람을 품어 줍니다. 반면 칼날같이 날카롭고 딱딱한 사람이 있습니다. 그러한 사람은 사람에게 상처를 줍니다. 성령님께서는 모나고 딱딱한 우리를 둥글고 부드럽게 만드십니다. 예수님께서 그 어떤 죄인도 품으시고 용서하시는 것처럼, 성령님께서는 우리 안에 어떤 사람도 품고 안아 줄 수 있는 여유를 갖게 하십니다.

온유의 헬라어 '프라테스'는 길들여진 야생동물의 성질을 가리킬 때 사용하는 단어입니다. 훈련에 의해 깎이고 다듬어져서 스스로 조절하고 절제할 수 있는 힘이 생긴 상태가 온유라는 것입니다.

본문 말씀에서 시편 기자는 "온유한 자들은 땅을 차지하며 풍성한 화평으로 즐거워하리로다"라고 말씀합니다. 훈련되고 다듬어져서 감정을 조절하고 혈기를 절제할 수 있는 부드러운 사람은 가는 곳마다 환영을 받습니다. 그들의 주변은 항상 평안하고 즐겁습니다. 우리 모든 그리스도인이 온유의 열매를 맺어야 하는 이유가 바로 여기에 있습니다.

나눔의 시간

마음을 다스린다는 것은 쉽지 않습니다. 순간 화를 참아서 위기를 극복한 경험이나, 화를 참지 못해서 일을 망친 경험이 있습니까? 나눠 봅시다.

결단의 시간

성령의 충만함으로 단련된 자만이 온유할 수 있습니다. 우리 삶 속에서 온유함을 갖기 위해 훈련되어야 하는 부분은 무엇입니까? 이 시간 함께 온유의 열매를 맺기로 결단합시다.

함께하는 기도

하나님 아버지, 다른 사람을 먼저 생각하고 품고 안아줄 수 있는 넉넉한 마음을 주옵소서. 성령 충만함으로 온유하고 겸손한 삶을 사는 가정이 되도록 인도해 주옵소서. 예수님의 이름으로 기도합니다. 아멘.

암송 말씀

그러나 온유한 자들은 땅을 차지하며 풍성한 화평으로 즐거워하리로다 _시편 37:11

주기도문

3월 13일

겸손과 온유

신앙고백 | 사도신경

찬송 | 386, 393장

본문 말씀 | 마태복음 11장 28-30절

수고하고 무거운 짐 진 자들아 다 내게로 오라 내가 너희를 쉬게 하리라 나는 마음이 온유하고 겸손하니 나의 멍에를 메고 내게 배우라 그리하면 너희 마음이 쉼을 얻으리니 이는 내 멍에는 쉽고 내 짐은 가벼움이라 하시니라

우리의 겸손하지 못한 태도나 우월의식은 종종 사람들 사이에서 갈등을 불러옵니다. '내가 저 사람보다 훨씬 나은데 왜 사람들은 나를 더 인정해 주지 않을까?', '왜 저 사람은 나를 보고 먼저 인사하지 않을까?' 이러한 생각들은 우리의 마음을 불편하게 하고 오해와 갈등을 만듭니다.

예수님께서는 온 우주 만물의 왕이시지만, 우리를 위해 가장 낮은 자의 모습으로 이 땅에 오셨습니다. 작은 예수로 살아가는 우리 역시 남을 나보다 낫게 여기며 늘 주님 앞에서 겸손해야 합니다.

이러한 겸손이 삶에서 표현될 때 온유의 열매를 맺을 수 있습니다. 온유는 따뜻하고 부드러운 모습을 말합니다. 간혹 신경질적인 태도를 보이며 다른 사람들을 불편하게 만드는 사람들이 있습니다. 그러나 예수님을 믿는 사람들은 이웃에게 그러한 불편함을 주지 말아야 합니다. 이웃의 허물을 덮어 줄 수 있는 넓은 아량과 따뜻한 마음을 가져야 합니다.

나눔의 시간

나를 짜증나게 하거나 신경질적으로 만드는 상황이 있습니까? 만일 똑같은 상황에 예수님이라면 어떻게 하셨을지 생각해 보고 나눠 봅시다.

결단의 시간

우리가 겸손과 온유함으로 행할 때 우리 가정에 평화가 찾아옵니다. 어떠한 상황 속에서도 가족을 더욱 존중하며 사랑으로 품기로 결단합시다.

함께하는 기도

하나님 아버지, 우리가 따뜻하고 부드러운 온유한 사람이 되기를 소망합니다. 겸손과 온유로 평화가 넘치는 가정이 되게 하여 주옵소서. 예수님의 이름으로 기도합니다. 아멘.

암송 말씀

나는 마음이 온유하고 겸손하니 나의 멍에를 메고 내게 배우라 그리하면 너희 마음이 쉼을 얻으리니 _마태복음 11:29

주기도문

3월 14일

온유를 훈련하라

신앙고백 | 사도신경

찬송 | 540, 542장

본문 말씀 | 야고보서 1장 19-21절

내 사랑하는 형제들아 너희가 알지니 사람마다 듣기는 속히 하고 말하기는 더디 하며 성내기도 더디 하라 사람이 성내는 것이 하나님의 의를 이루지 못함이라 그러므로 모든 더러운 것과 넘치는 악을 내버리고 너희 영혼을 능히 구원할 바 마음에 심어진 말씀을 온유함으로 받으라

세상에 자기 성격대로 살고 싶지 않은 사람이 있겠습니까? 그러나 모든 사람이 거름 장치 없이 짜증 날 때마다 짜증을 내고, 화날 때마다 화를 낸다면 우리 사회는 곧 범죄로 들끓게 될 것입니다.

우리는 예수님께서 기뻐하시는 삶을 살기 위해 온유의 열매를 맺어야 합니다. 또한 혈기가 많은 사람은 혈기를 다스려야 합니다. 옛사람의 옷을 벗고 새 사람의 옷을 입어야 합니다. 물론 때로는 온유한 성품을 타고나는 사람도 있을 것입니다. 그러나 온유의 열매는 노력하지 않으면 맺을 수가 없습니다. 우리는 온유한 성품을 위해 성령 충만함 속에서 끊임없이 훈련해야 합니다.

온유한 삶을 위해서는 먼저 말을 조심해야 합니다. 요즘 청소년들은 무분별한 비속어들을 의미도 제대로 모른 채 너무나 쉽게 내뱉곤 합니다. 그러나 온유는 말을 참는 데서부터 시작합니다. 때로는 참지 못하고 화를 낼 수 있습니다. 그러나 해가 지도록 분을 품지 말아야 합니다. 매일 밤 잠들기 전 주님 앞에 나와 우리의 모든 혈기와 마음의 상처를 꺼내놓고 위로받는 시간을 가져 봅시다. 그럴 때 우리는 온유의 열매를 풍성히 맺을 수 있습니다.

나눔의 시간

삶에서 절제가 되지 않는 부분이 있습니까? 내가 반복적으로 화를 내는 문제가 무엇인지 나눠 봅시다.

결단의 시간

온유의 열매를 맺기 위해서는 분노를 조절하는 훈련이 필요합니다. 어떠한 상황에서도 화를 참고 사랑을 표현하기로 결단합시다.

함께하는 기도

하나님 아버지, 화가 나도 혈기가 우리를 다스리지 않도록 훈련되기 원합니다. 주님과 동행하도록 인도해 주옵소서. 예수님의 이름으로 기도합니다. 아멘.

암송 말씀

그러므로 모든 더러운 것과 넘치는 악을 내버리고 너희 영혼을 능히 구원할 바 마음에 심어진 말씀을 온유함으로 받으라 _야고보서 1:21

주기도문

3월 15일

시험과 성장

신앙고백 | 사도신경

찬송 | 341, 342장

본문 말씀 | 고린도전서 10장 12-13절

그런즉 선 줄로 생각하는 자는 넘어질까 조심하라 사람이 감당할 시험 밖에는 너희가 당한 것이 없나니 오직 하나님은 미쁘사 너희가 감당하지 못할 시험 당함을 허락하지 아니하시고 시험 당할 즈음에 또한 피할 길을 내사 너희로 능히 감당하게 하시느니라

대부분 학생은 시험 보는 것을 싫어합니다. 그런데도 학교에서는 학생들에게 시험을 치르게 합니다. 학업 중간에 실력을 검증하고 보완하기 위해서입니다. 학생들은 이 시험에서 좋은 성적을 거두기 위해 초등학교 6년, 중고등학교 6년, 필요에 따라 대학교 4년, 그리고 평생을 공부합니다. 덕분에 우리는 우리의 삶의 목표를 달성해 나갑니다.

마찬가지로 하나님께서는 우리의 신앙을 성장시키기 위해 고난이라는 시험을 치르게 하십니다. 그 시험에서 좋은 성적을 거둬야 우리의 신앙이 한 단계 성숙합니다.

중요한 것은 우리에게 허락된 고난이 결코 우리의 능력보다 크지 않다는 사실입니다. 본문은 "사람이 감당할 시험 밖에는 너희가 당한 것이 없나니 오직 하나님은 미쁘사 너희가 감당하지 못할 시험 당함을 허락하지 아니하시고 시험 당할 즈음에 또한 피할 길을 내사 너희로 능히 감당하게 하시느니라"고 말씀합니다. 주님께서 우리가 시험을 통과할 수 있도록 힘과 능력을 주시고 바른 길로 인도해 주십니다. 그러므로 우리는 시험을 당하면 주님이 주시는 은혜와 힘으로 온 힘을 다해 극복해야 합니다.

나눔의 시간

만약 살면서 시험이 없다면 어떻게 될까요? 혹시 나를 성장시킨 시험이 있었다면 함께 나눠 봅시다.

결단의 시간

시험을 통과하고 성장하려면 주님의 은혜가 필요합니다. 또한 말씀과 기도의 훈련이 필요합니다. 이 시간 내 삶에 시간을 들여 경건에 온 힘을 다하기로 결단합시다.

함께하는 기도

하나님 아버지, 우리에게 감당하지 못할 것 같은 시험이 온다고 하더라도, 낙망하지 않고 주님의 구원을 기억하는 신앙의 가정이 되기를 원합니다. 믿음으로 승리하는 가정이 되도록 인도해 주옵소서. 예수님의 이름으로 기도합니다. 아멘.

암송 말씀

사람이 감당할 시험 밖에는 너희가 당한 것이 없나니 오직 하나님은 미쁘사 너희가 감당하지 못할 시험 당함을 허락하지 아니하시고 시험 당할 즈음에 또한 피할 길을 내사 너희로 능히 감당하게 하시느니라 _고린도전서 10:13

주기도문

3월 16일

하나님의 사용 법칙

신앙고백 | 사도신경

찬송 | 569, 574장

본문 말씀 | 히브리서 11장 24-27절

> 믿음으로 모세는 장성하여 바로의 공주의 아들이라 칭함 받기를 거절하고 도리어 하나님의 백성과 함께 고난 받기를 잠시 죄악의 낙을 누리는 것보다 더 좋아하고 그리스도를 위하여 받는 수모를 애굽의 모든 보화보다 더 큰 재물로 여겼으니 이는 상 주심을 바라봄이라 믿음으로 애굽을 떠나 왕의 노함을 무서워하지 아니하고 곧 보이지 아니하는 자를 보는 것 같이 하여 참았으며

애굽의 왕자로 살던 모세는 한순간의 화를 참지 못하고 애굽 사람을 죽이는 엄청난 죄를 짓고 말았습니다. 결국 도망자의 신분으로 광야 생활을 하게 되었고, 그곳에서 미디안 제사장의 딸과 결혼해 새로운 생활을 하게 되었습니다. 그는 더 이상 애굽의 왕자가 아니었습니다. 광야에서 양 떼를 치는 초라한 양치기일 뿐이었습니다. 아무리 주변을 둘러보아도 눈에 들어오는 것이라곤 황량한 광야와 자기 뒤만 졸졸 따라다니는 양들뿐이었습니다. 그는 고독한 양치기 생활을 하면서 인내와 겸손과 온유를 배웠습니다.

모세의 광야 생활은 40년 동안이나 지속되었습니다. 그동안 그가 대화할 수 있는 상대는 하나님밖에 없었습니다. 하나님께서는 모세가 혈기를 버리고 깨어지고 또 깨어질 때까지 기다리셨습니다. 모세가 80세가 되어 "저는 아무것도 아닙니다. 제게는 아무 능력도 없습니다"라고 고백할 때쯤, 하나님께서는 비로소 호렙 산 떨기나무 불꽃 가운데 나타나셔서 그를 부르셨습니다.

나눔의 시간

우리가 선택과 결정을 할 때 최우선으로 고려하는 것은 무엇입니까? 그 이유는 무엇입니까?

결단의 시간

인생의 광야에 서 있을 때, 이 시간이 하나님께서 만지시는 시간이라는 것을 깨닫고, 인내하며 온유를 배우는 기회로 삼읍시다.

함께하는 기도

하나님 아버지, 어떤 상황과 환경에서도 하나님만 의지하는 온유함을 갖기 원합니다. 무엇보다 예배와 말씀, 기도가 삶의 최우선이 될 수 있도록 믿음과 용기를 허락해 주옵소서. 예수님의 이름으로 기도합니다. 아멘.

암송 말씀

그리스도를 위하여 받는 수모를 애굽의 모든 보화보다 더 큰 재물로 여겼으니 이는 상 주심을 바라봄이라 _히브리서 11:26

주기도문

3월 17일

내 삶의 주인

신앙고백 | 사도신경

찬송 | 270, 272장

본문 말씀 | 욥기 1장 20-22절

욥이 일어나 겉옷을 찢고 머리털을 밀고 땅에 엎드려 예배하며 이르되 내가 모태에서 알몸으로 나왔사온즉 또한 알몸이 그리로 돌아가올지라 주신 이도 여호와야훼시요 거두신 이도 여호와야훼시오니 여호와야훼의 이름이 찬송을 받으실지니이다 하고 이 모든 일에 욥이 범죄하지 아니하고 하나님을 향하여 원망하지 아니하니라

사람은 풍요로울 때보다, 환난이 다가와 지금 당장 죽게 생겼을 때 하나님께 더욱 간절히 매달립니다. 그래서인지 하나님께서는 사람을 성장시키시는 방법으로 '고난'을 사용하십니다.

욥의 경우가 그러했습니다. 욥은 고난을 당하기 전에는 스스로 의롭다고 생각했습니다. 그러나 고난을 통해 자신의 생각이 잘못되었고 하나님 한 분만이 완전하시다는 것을 깨달았습니다. 그는 고난을 허락하신 하나님을 원망하지 않고 오히려 찬양했습니다. 하나님께서는 욥의 이러한 모습을 보시고 그에게 갑절의 복을 주셨습니다.

시편 119편 71절은 "고난 당한 것이 내게 유익이라 이로 말미암아 내가 주의 율례들을 배우게 되었나이다"라고 말씀합니다. 고난은 사람을 연단시킵니다. 자신의 잘못을 뉘우치게 하고 반성하게 합니다. 가시를 뽑고 모난 부분을 깎아 냅니다. 이렇게 연단 받은 사람은 삶의 주어가 바뀝니다. 스스로 잘났다고 생각하고 "내가, 내가!" 하면서 자기 뜻대로 살던 사람이, "주님, 주님!" 합니다. 모든 일에 있어서 주님의 은혜가 아니면 살 수 없다는 것을 깨닫게 됩니다.

나눔의 시간

지금까지 가장 힘들었던 때는 언제입니까? 그때를 어떻게 극복할 수 있었는지 나눠 봅시다.

결단의 시간

고난이 유익이 되는 것은 우리의 삶의 가치가 예수님께로 전환되기 때문입니다. 그리스도인으로서 아직 변화되지 않은 부분이 있다면 이 시간 회개하며 결단합시다.

함께하는 기도

하나님 아버지, 하나님 한 분만으로 만족할 수 있는 삶과 가정이 될 수 있도록 인도해 주옵소서. 고난이 오더라도 유익으로 여길 줄 아는 믿음을 허락해 주옵소서. 예수님의 이름으로 기도합니다. 아멘.

암송 말씀

이르되 내가 모태에서 알몸으로 나왔사온즉 또한 알몸이 그리로 돌아가올지라 주신 이도 여호와야훼**시요 거두신 이도 여호와**야훼**시오니 여호와**야훼**의 이름이 찬송을 받으실지니이다 하고** _욥기 1:21

주기도문

3월 18일

광야 훈련

신앙고백 | 사도신경

찬송 | 349, 350장

본문 말씀 | 마가복음 1장 9-13절

그 때에 예수께서 갈릴리 나사렛으로부터 와서 요단 강에서 요한에게 세례침례를 받으시고 곧 물에서 올라오실새 하늘이 갈라짐과 성령이 비둘기 같이 자기에게 내려오심을 보시더니 하늘로부터 소리가 나기를 너는 내 사랑하는 아들이라 내가 너를 기뻐하노라 하시니라 성령이 곧 예수를 광야로 몰아내신지라 광야에서 사십 일을 계시면서 사탄에게 시험을 받으시며 들짐승과 함께 계시니 천사들이 수종들더라

예수님께서 세례침례 받으실 때 하늘에서는 비둘기 같은 성령님께서 내려오시고, 하늘에서는 "너는 내 사랑하는 아들이라 내가 너를 기뻐하노라"는 음성이 들렸습니다. 하나님의 아들로서 성대한 대관식이 이루어졌습니다. 이제 예수님은 곧 사탄이 지배하는 세상에 하나님 나라가 왔음을 선포하고, 귀신을 내쫓고, 병자들을 고치고, 저주의 사슬을 끊는 사역을 시작하시면 될 것처럼 보였습니다.

그런데 성령님께서는 예수님을 광야로 몰아내셨습니다. 그것도 40일 동안 금식하며 사탄에게 시험을 받도록 하셨습니다. 성령님께서는 예수님의 사역 훈련장으로 광야를 택하셨고, 예수님은 그곳에서 40일간의 고된 싸움을 하셨습니다.

예수님께서는 돈이나 명예, 권력으로 자신을 좌지우지 하려던 사탄에 대항

하여 하나님의 말씀을 선포하심으로 모든 영적 전쟁에서 승리하셨습니다. 그리고 예수님은 그 승리를 시작으로 포로된 자를 자유케 하며, 병든 자를 치유하며 하나님 나라를 실현하는 사역을 완벽하게 이루셨습니다.

나눔의 시간

내 삶에 광야 훈련이 있었습니까? 그것이 내 삶을 어떻게 뒤바꾸어 놓았는지 나눠 봅시다.

결단의 시간

하나님의 사역을 위해서는 반드시 훈련이 필요합니다. 영적 진보를 위해서 필요한 훈련을 기쁘게 받으며 예수님만 의지하기로 결단합시다.

함께하는 기도

하나님 아버지, 광야 훈련 가운데 절망하지 않기 원합니다. 오히려 하나님 앞에 나아가고 승리하는 훈련의 시간이 될 수 있도록 인도해 주옵소서. 예수님의 이름으로 기도합니다. 아멘.

암송 말씀

성령이 곧 예수를 광야로 몰아내신지라 광야에서 사십 일을 계시면서 사탄에게 시험을 받으시며 들짐승과 함께 계시니 천사들이 수종들더라 _마가복음 1:12-13

주기도문

3월 19일

승리자의 관

신앙고백 | 사도신경

찬송 | 337, 342장

본문 말씀 | 고린도전서 9장 24-27절

운동장에서 달음질하는 자들이 다 달릴지라도 오직 상을 받는 사람은 한 사람인 줄을 너희가 알지 못하느냐 너희도 상을 받도록 이와 같이 달음질하라 이기기를 다투는 자마다 모든 일에 절제하나니 그들은 썩을 승리자의 관을 얻고자 하되 우리는 썩지 아니할 것을 얻고자 하노라 그러므로 나는 달음질하기를 향방 없는 것 같이 아니하고 싸우기를 허공을 치는 것 같이 아니하며 내가 내 몸을 쳐 복종하게 함은 내가 남에게 전파한 후에 자신이 도리어 버림을 당할까 두려워함이로다

'절제'는 원어로 '엔크라투오마이'로 '자제하다, 억누를 수 있다, 금욕하다'의 의미로 사용됩니다. 우리의 본성을 거스른다는 것입니다.

대표적인 절제의 인물로 사도 바울을 꼽을 수 있습니다. 그는 남을 유익하게 하기 위해서 개인적인 자유를 포기했습니다. 복음을 전하기 위해 비신자에게 자신을 맞추려고 노력한 것입니다. 유대인들에게는 유대인과 같이, 율법이 없는 자에게는 율법이 없는 자같이 되었습니다. 사도 바울에게 있어서 가장 중요한 목표는 사람들에게 복음을 증거하여 구원을 얻게 하는 것이었기 때문입니다.

우리는 승리자의 관을 얻기 위해서 우리의 생각과 욕심을 버리고 절제해야 할 필요가 있습니다. 운동선수가 경기에서 승리하기 위해 음식물을 자제하고 금욕하는 것처럼, 그리스도인도 하나님께 영광 돌리고 복음을 증거하기 위해서 감정과 욕심을 절제하고 하나님의 일에 적극 동참해야 합니다. 그럴 때에 우리는 썩지 않을 생명의 면류관을 받게 될 것입니다.

나눔의 시간

우리의 최종적인 삶의 목표는 무엇입니까? 그것을 위해 우리는 어떤 절제를 하고 있습니까? 또는 절제가 필요한 삶의 부분을 나눠 봅시다.

결단의 시간

말씀을 묵상하거나 설교를 들을 때, 문득 나의 죄 된 본성을 깨닫게 될 때가 있습니다. 타협하거나 합리화하기보다는 하나님 앞에 나의 모든 인간적인 본성을 내려놓고 절제하기로 결단합시다.

함께하는 기도

하나님 아버지, 우리에게 썩지 않을 면류관을 바라볼 수 있는 지혜를 허락해 주옵소서. 하나님 영광을 위해 내 감정과 욕심을 버리고 절제할 수 있도록 함께해 주옵소서. 예수님의 이름으로 기도합니다. 아멘.

암송 말씀

이기기를 다투는 자마다 모든 일에 절제하나니 그들은 썩을 승리자의 관을 얻고자 하되 우리는 썩지 아니할 것을 얻고자 하노라 _고린도전서 9:25

주기도문

3월 20일

경건 훈련

신앙고백 | 사도신경

찬송 | 497, 500장

본문 말씀 | 빌립보서 3장 10-12절

내가 그리스도와 그 부활의 권능과 그 고난에 참여함을 알고자 하여 그의 죽으심을 본받아 어떻게 해서든지 죽은 자 가운데서 부활에 이르려 하노니 내가 이미 얻었다 함도 아니요 온전히 이루었다 함도 아니라 오직 내가 그리스도 예수께 잡힌 바 된 그것을 잡으려고 달려가노라

얼마 전 한 종교 지도자가 일간지와의 인터뷰에서 현시대를 '세상 사람들이 종교를 걱정하는 시대' 라고 진단했습니다. 종교가 사람을 걱정해야 되는데, 거꾸로 사람들이 종교를 걱정하는 시대가 되었다는 것입니다. 타 종교 지도자의 말이지만 우리도 생각해 보아야 할 내용입니다.

왜 기독교가 세상으로부터 비판을 받습니까? 성숙하지 못한 그리스도인들 때문입니다. 우리는 그리스도인으로서 세상에 본이 되어야 합니다. 그러기 위해서는 세상의 정욕에 묶여 살던 옛 모습을 버리고 하나님의 거룩한 형상을 닮기 위해 열심히 훈련하고 노력해야 합니다.

우리가 영적으로 성장하기 위해 받는 훈련을 '경건 훈련' 이라고 합니다. 운동선수들이 경기에서 최고의 성적을 내기 위해 많은 땀을 흘리며 훈련을 반복하는 것처럼, 경건 훈련도 끊임없이 계속 해야 합니다. 최고의 운동선수가 저절로 되지 않는 것처럼 경건한 생활도 저절로 이루어지지 않습니다. 하나님의 형상을 닮기 위해 꾸준히 노력하고 훈련해야 합니다.

나눔의 시간

운동이나 다이어트를 해 본 적이 있습니까? 그것을 위해 얼마나 많은 노력을 기울였습니까? 그 결과는 어떻게 되었습니까?

결단의 시간

성숙한 그리스도인이 되기 위해서는 경건의 훈련이 필요합니다. 경건한 생활을 위해 나에게 필요한 훈련은 무엇일지 생각해 보고 꾸준히 노력하기로 결단합시다.

함께하는 기도

하나님 아버지, 우리 가족이 그리스도의 강한 군사로 훈련받기를 원합니다. 이를 통해 세상에 빛과 소금으로 제 역할을 다할 수 있도록 인도해 주옵소서. 예수님의 이름으로 기도합니다. 아멘.

암송 말씀

내가 이미 얻었다 함도 아니요 온전히 이루었다 함도 아니라 오직 내가 그리스도 예수께 잡힌 바 된 그것을 잡으려고 달려가노라 _빌립보서 3:12

주기도문

3월 21일

터닝 포인트

신앙고백 | 사도신경

찬송 | 453, 455장

본문 말씀 | 고린도전서 15장 31-34절

형제들아 내가 그리스도 예수 우리 주 안에서 가진 바 너희에 대한 나의 자랑을 두고 단언하노니 나는 날마다 죽노라 내가 사람의 방법으로 에베소에서 맹수와 더불어 싸웠다면 내게 무슨 유익이 있으리요 죽은 자가 다시 살아나지 못한다면 내일 죽을 터이니 먹고 마시자 하리라 속지 말라 악한 동무들은 선한 행실을 더럽히나니 깨어 의를 행하고 죄를 짓지 말라 하나님을 알지 못하는 자가 있기로 내가 너희를 부끄럽게 하기 위하여 말하노라

성숙한 그리스도인은 자신의 의를 내세우지 않습니다. 바울이 말한 '날마다 죽는 사람'은 자기 의를 드러내며 살던 옛사람을 십자가에 못 박고 새 사람의 옷을 입는 것을 말합니다.

옛사람이란 예수님을 믿기 전 죄인으로 살던 때를 말합니다. 예수님을 모를 때 우리는 자기 생각과 고집으로 살았습니다. 또한 남을 탓하고, 미워하고, 세상의 미덥지 않은 것으로 외로움을 채우려 했습니다.

그러나 이제 우리는 하나님의 자녀요, 예수님의 제자가 되었습니다. 우리는 나보다 하나님을 먼저 생각하고, 하나님께서 기뻐하시는 삶을 살기 위해 노력해야 합니다. 또한 이웃을 사랑하고 아끼며 베풀 줄 알아야 합니다. 우리의 삶 전체가 세상에서 빛과 소금이 되어야 합니다.

이처럼 그리스도인은 예수님을 만나기 전과 후가 확연하게 달라집니다. 이는 예수님의 보혈의 힘입니다. 예수님을 만나 변화되어 새로운 삶을 살게 된 우리는, 육신의 죄를 늘 십자가에 못 박고, 옛사람으로부터 자유로워져야 할 것입니다.

나눔의 시간

인생의 터닝 포인트Turning point가 된 사건이 있습니까? 그 사건으로 삶의 어떤 변화가 생겼는지 나눠 봅시다.

결단의 시간

새롭게 거듭난 우리는 이제 다시 죄인의 길로 돌아서서는 안 됩니다. 우리가 살아가는 동안 오직 하나님 한 분만 의지하며 살 것을 결단합시다.

함께하는 기도

하나님 아버지, 우리 가족 모두가 죄와 사망으로부터 분리되어 언제나 거룩하게 살아가기를 소망합니다. 우리가 믿음의 훈련에서 승리할 수 있도록 인도해 주옵소서. 예수님의 이름으로 기도합니다. 아멘.

암송 말씀

형제들아 내가 그리스도 예수 우리 주 안에서 가진 바 너희에 대한 나의 자랑을 두고 단언하노니 나는 날마다 죽노라 _고린도전서 15:31

주기도문

3월 22일

네 자신을 연단하라

신앙고백 | 사도신경

찬송 | 420, 421장

본문 말씀 | 디모데전서 4장 5-8절

하나님의 말씀과 기도로 거룩하여짐이라 네가 이것으로 형제를 깨우치면 그리스도 예수의 좋은 일꾼이 되어 믿음의 말씀과 네가 따르는 좋은 교훈으로 양육을 받으리라 망령되고 허탄한 신화를 버리고 경건에 이르도록 네 자신을 연단하라 육체의 연단은 약간의 유익이 있으나 경건은 범사에 유익하니 금생과 내생에 약속이 있느니라

아무리 몸에 좋다는 음식과 보약을 챙겨 먹어도 운동만큼 좋은 건강관리법은 없습니다. 지나치지 않은 운동은 잔병치레 없는 생활과 장수를 약속하기 때문에, 현대인들은 바쁜 일상 속에서도 시간을 쪼개 운동을 하려고 노력합니다.

그러나 운동을 하겠다는 계획은 종종 작심삼일로 무너지곤 합니다. 물론 무엇이든 꾸준히 노력한다는 것은 쉽지 않을 것입니다. 그러나 운동은 휴식, 잠, 음식 등을 조절하고 절제해야 하는 경우가 많아 더욱 지키기가 힘듭니다.

그렇다면 영적인 건강은 어떻습니까? 우리가 영적으로 건강하기 위해서는 죄를 참고 거룩해져야 합니다. 늘 말씀을 곁에 두고 하나님과 동행해야 합니다. 영적으로 건강한 상태가 바로 '경건' 입니다.

하나님께서는 우리가 절제함으로 죄를 멀리하고 경건할 때 지금은 물론 죽음 이후까지도 유익이 있을 것이라고 약속하십니다. 그러므로 우리는 경건한 생활을 중요하게 생각해야 합니다. 삶에서 '경건하지 않은 것'을 버리고 '경건함'으로 살아가야 합니다.

나눔의 시간

각자 경건한 생활을 위해서 어떤 노력을 하고 있는지 나눠 봅시다.

결단의 시간

회심 후에도 버려지지 않는 옛사람의 모습은 없는지 나의 삶을 되돌아봅시다. 경건한 삶을 위해 말씀과 기도 생활을 지속적으로 유지하기로 결단해 봅시다.

함께하는 기도

하나님 아버지, 우리 가정이 모든 저주의 사슬을 끊어내기 원합니다. 늘 주님의 사랑 안에 거하는 가정이 되게 하여 주옵소서. 예수님의 이름으로 기도합니다. 아멘.

암송 말씀

육체의 연단은 약간의 유익이 있으나 경건은 범사에 유익하니 금생과 내생에 약속이 있느니라 _디모데전서 4:8

주기도문

3월 23일

세상과 타협하지 않는 길

신앙고백 | 사도신경

찬송 | 430, 441장

본문 말씀 | 창세기 5장 21-24절

에녹은 육십오 세에 므두셀라를 낳았고 므두셀라를 낳은 후 삼백 년을 하나님과 동행하며 자녀를 낳았으며 그는 삼백육십오 세를 살았더라 에녹이 하나님과 동행하더니 하나님이 그를 데려가시므로 세상에 있지 아니하였더라

에녹은 '하나님과 동행하는 삶'을 살았습니다. 하나님과 동행하는 삶이란 단순히 주일 예배를 드리거나 봉사하는 삶이 아닙니다. 우리는 주님과 동행한다고 말하면서 실제로는 화내고, 미워하고, 염려하며, 걱정을 한가득 안고 삽니다. 그러나 하나님과 동행하는 삶에는 세상의 헛된 것과 타협이 있어선 안 됩니다. 그 삶에 죄가 깃들어서는 안 됩니다.

우리가 에녹의 삶에서 간과하지 말아야 할 것은, 그는 하나님과 동행하면서 죄악에 빠지지 않았다는 사실입니다. 에녹이 하나님과 동행한 시간은 자그마치 3백 년입니다. 3백 년을 하루같이 하나님 말씀에 순종하며 하나님께서 기뻐하시는 삶을 살았습니다.

노아의 방주를 생각해 봅시다. 방주는 물 위에 떠 있었지만 그 안으로 물이 한 방울도 들어가지 않았습니다. 방주 안팎으로 바른 역청 덕분이었습니다.

우리의 마음도 이 방주와 같아야 합니다. 마음에 예수님의 피를 발라서 세상의 죄가 들어오지 못하게 해야 합니다. 에녹같이 하나님과 동행하여 살면서 죄와 타협하지 않고 하나님의 영광을 위해 살아야 합니다.

나눔의 시간

그리스도인으로서 세상의 가치관과 부딪쳐 힘들 때가 있습니까? 언제 어떤 상황에서 어렵고 힘든 싸움이 전개됩니까?

결단의 시간

하나님의 사람으로 거룩하려면 죄와 타협하지 말아야 합니다. 우리 삶 속에서 일어나는 죄를 회개하고 주님과 동행하는 삶을 살기로 결단합시다.

함께하는 기도

하나님 아버지, 에녹처럼 날마다 하나님과 동행하는 자가 되기를 소망합니다. 하나님께 영광 돌리는 가정이 될 수 있도록 인도해 주옵소서. 죄와 타협하지 않고 거룩함을 지킬 수 있는 믿음을 허락해 주옵소서. 예수님의 이름으로 기도합니다. 아멘.

암송 말씀

에녹이 하나님과 동행하더니 하나님이 그를 데려가시므로 세상에 있지 아니하였더라
_창세기 5:24

주기도문

3월 24일

균형 잡힌 신앙생활

신앙고백 | 사도신경

찬송 | 463, 471장

본문 말씀 | 베드로후서 1장 5-9절

> 그러므로 너희가 더욱 힘써 너희 믿음에 덕을, 덕에 지식을, 지식에 절제를, 절제에 인내를, 인내에 경건을, 경건에 형제 우애를, 형제 우애에 사랑을 더하라 이런 것이 너희에게 있어 흡족한즉 너희로 우리 주 예수 그리스도를 알기에 게으르지 않고 열매 없는 자가 되지 않게 하려니와 이런 것이 없는 자는 맹인이라 멀리 보지 못하고 그의 옛 죄가 깨끗하게 된 것을 잊었느니라

절제는 '자기를 조절하는 능력'입니다. 신앙생활에서도 기도할 때가 있고 찬송할 때가 있습니다. 말씀을 들을 때가 있고 잠잠히 기다릴 때가 있습니다. 우리는 때를 잘 조절해야 합니다. 절제하지 못하면 욕구를 통제할 수 없기 때문에 균형 잡힌 신앙생활을 하기 어렵습니다. 절제하기 위해서는 우리에게 유익한 것과 유익하지 않은 것을 분별하고, 유익하지 않은 것들은 과감히 버릴 수 있는 용기가 있어야 합니다. 혹시 나의 성격이 급하거나 게으르지는 않은지, 참을성이 없어 소리를 잘 지르지는 않는지, 너무 냉정한 나머지 다른 사람에게 상처를 주고 있지는 않은지, 이밖에 또 다른 문제가 있지는 않은지 수시로 점검하고, 만약 나에게 그런 모습이 있었다면 회개하고 고쳐야 합니다.

자기를 조절한다는 것에는 적지 않은 참을성과 인내가 필요합니다. 우리 모두 한 사람의 낙오자도 없이 자신을 잘 다스릴 줄 아는 영적인 거인이 되어서 작은 예수로서 이 세상을 변화시키는 주역들이 되어야 할 것입니다.

나눔의 시간

별로 중요하지 않은 일에 너무 많은 시간과 물질을 투자하고 있지는 않습니까? 균형 잡힌 신앙생활을 위해서 내가 버려야 할 것과 지켜야 할 것에 대해 생각해 보고 나눠 봅시다.

결단의 시간

작은 예수가 되기 위해서 삶 속에서 절제해야 하는 것은 무엇입니까? 이 시간 그것들을 절제하고, 조절하도록 결단합시다.

함께하는 기도

하나님 아버지, 우리가 편하고 좋은 것들에 치우친 삶을 산 것을 회개합니다. 이러한 것들로부터 벗어나 '자기를 조절하는 능력'인 절제의 열매를 갖기 원합니다. 절제함으로 작은 예수가 될 수 있도록 인도해 주옵소서. 예수님의 이름으로 기도합니다. 아멘.

암송 말씀

그러므로 너희가 더욱 힘써 너희 믿음에 덕을, 덕에 지식을, 지식에 절제를, 절제에 인내를, 인내에 경건을, 경건에 형제 우애를, 형제 우애에 사랑을 더하라 _베드로후서 1:5-7

주기도문

영적 성장을 위한 기도

신앙고백 | 사도신경

찬송 | 452, 461장

본문 말씀 | 에베소서 3장 16-19절

> 그의 영광의 풍성함을 따라 그의 성령으로 말미암아 너희 속사람을 능력으로 강건하게 하시오며 믿음으로 말미암아 그리스도께서 너희 마음에 계시게 하시옵고 너희가 사랑 가운데서 뿌리가 박히고 터가 굳어져서 능히 모든 성도와 함께 지식에 넘치는 그리스도의 사랑을 알고 그 너비와 길이와 높이와 깊이가 어떠함을 깨달아 하나님의 모든 충만하신 것으로 너희에게 충만하게 하시기를 구하노라

하나님께서는 준비되지 않은 수많은 사람이 아니라 준비된 한 사람을 찾으십니다. 무슨 일을 하는지도 모르면서 바쁘게만 살아가는 사람이 아니라, 하나님의 영광을 위하여 하나님께서 맡겨 주신 사명을 감당하는 사람을 눈여겨 보십니다. 우리는 떠밀려가는 수많은 사람 중에 한 사람이 되지 말고 하나님께서 보시기에 참으로 귀한 사람, 아름답게 쓰임 받을 준비된 사람이 되어야 합니다. 이를 위해서는 진정한 헌신이 필요합니다.

진정한 헌신을 위해서는 특별히 영적 성장을 위한 기도를 드려야 합니다. 하나님 앞에서 "주님, 그리스도의 장성함에 이르기까지 저를 성장시켜 주옵소서. 오직 예수님만이 제 삶의 주인이 되어 주옵소서"라고 기도해야 합니다. 그래서 그리스도의 장성한 분량에 이르기까지 끊임없이 변화되고 성숙해지는 그리스도인이 되어야 합니다.

나눔의 시간

지금까지 하나님께 받기만 했다면 오늘은 내가 하나님께 무엇을 드릴 수 있을지 생각해 보고 나눠 봅시다.

결단의 시간

하나님의 영광을 위해 우리의 기도 제목이 바뀌어야 합니다. 하나님의 영광을 위한 가정의 모습을 새롭게 그려 보고, 기도 제목을 작성해 봅시다.

함께하는 기도

하나님 아버지, 이제는 우리가 우리 가정만을 위해 기도하는 것이 아니라 하나님의 영광을 위해 기도하기를 원합니다. 우리의 중심이 하나님께 있기를 원합니다. 이러한 믿음의 가정 되도록 인도하여 주옵소서. 예수님의 이름으로 기도합니다. 아멘.

암송 말씀

그 너비와 길이와 높이와 깊이가 어떠함을 깨달아 하나님의 모든 충만하신 것으로 너희에게 충만하게 하시기를 구하노라 _에베소서 3:19

주기도문

3월 26일

주님이 내게 맡기신 사명

신앙고백 | 사도신경

찬송 | 319, 320장

본문 말씀 | 사도행전 9장 15-18절

주께서 이르시되 가라 이 사람은 내 이름을 이방인과 임금들과 이스라엘 자손들에게 전하기 위하여 택한 나의 그릇이라 그가 내 이름을 위하여 얼마나 고난을 받아야 할 것을 내가 그에게 보이리라 하시니 아나니아가 떠나 그 집에 들어가서 그에게 안수하여 이르되 형제 사울아 주 곧 네가 오는 길에서 나타나셨던 예수께서 나를 보내어 너로 다시 보게 하시고 성령으로 충만하게 하신다 하니 즉시 사울의 눈에서 비늘 같은 것이 벗어져 다시 보게 된지라 일어나 세례침례**를 받고**

바울이 아직 예수님을 만나지 못했을 때 그는 그리스도인을 핍박하던 사람이었습니다. 그러던 어느 날 바울은 다메섹으로 가는 도중에 강한 빛을 보고 눈이 멀어 오도가도 못한 채 식음을 전폐하고 기도하고 있었습니다. 그때 하나님께서는 아나니아에게 "이 사람은 내 이름을 이방인과 임금들과 이스라엘 자손들에게 전하기 위하여 택한 나의 그릇이라"행 9:15고 말씀하셨습니다. 바울은 이방인에게 복음을 전하는 사명을 위해 하나님께 선택받은 '그릇'이었던 것입니다. 이것은 누구도 상상할 수 없는 일이었습니다.

우리 역시 하나님의 일을 위해 선택받은 그릇입니다. 그릇의 모양은 우리가 상상하는 것과 다를 수 있습니다. 그러므로 우리는 "주님, 저는 어떤 그릇입니까? 제가 주님을 위해서 무엇을 할 수 있겠습니까? 저의 남은 삶을 주님을 위해 사용하옵소서"라고 기도해야 합니다. 하나님께서 나를 통해 이루실

비전이 무엇인지 알기 위해 노력해야 합니다. 또한 하나님께서 우리에게 주신 사명을 이루기 위해 5년 후, 10년 후, 더 나아가 20년 후를 그려 보고 구체적인 푯대를 세워 달려 나가야 합니다.

나눔의 시간

하나님께서는 모든 사람에게 각각의 재능을 주셨습니다. 내가 제일 좋아하는 일은 무엇입니까? 서로 하나님께서 주신 재능에 대해서 나눠 봅시다.

결단의 시간

하나님께서 우리에게 주신 재능과 사명을 발견하고, 그 재능으로 하나님께 영광 돌리는 삶을 살기로 결단합시다.

함께하는 기도

하나님 아버지, 주님께서 우리에게 주신 재능과 사명을 잘 감당하기 원합니다. 우리가 하나님의 영광을 위하여 준비될 수 있도록 역사해 주옵소서. 서로 돕는 동역을 하며 믿음의 가정이 되도록 인도해 주옵소서. 예수님의 이름으로 기도합니다. 아멘.

암송 말씀

주께서 이르시되 가라 이 사람은 내 이름을 이방인과 임금들과 이스라엘 자손들에게 전하기 위하여 택한 나의 그릇이라 _사도행전 9:15

주기도문

3월 27일

무엇을 하든지

신앙고백 | 사도신경

찬송 | 407, 412장

본문 말씀 | 고린도전서 10장 31-33절

그런즉 너희가 먹든지 마시든지 무엇을 하든지 다 하나님의 영광을 위하여 하라 유대인에게나 헬라인에게나 하나님의 교회에나 거치는 자가 되지 말고 나와 같이 모든 일에 모든 사람을 기쁘게 하여 자신의 유익을 구하지 아니하고 많은 사람의 유익을 구하여 그들로 구원을 받게 하라

우리는 과연 아침에 일어나서 잠드는 순간까지 하나님을 몇 번이나 생각할까요? 혹시 식사할 때나 친구와 대화할 때, 또는 거리를 걸으면서 하나님을 떠올리나요? 우리는 사소한 행동 하나까지도 하나님의 영광을 위해 해야 합니다. 어떤 사람은 "그저 갈증을 해결하기 위해 물을 마시는 것뿐인데 어떻게 하나님을 위해 할 수 있습니까?"라고 물어볼 수 있습니다. 그러나 물을 주신 하나님께 감사하며 우리가 그 물을 기쁘게 마신다면 이는 하나님의 영광을 위해 하는 일이 됩니다.

직장에서나 학교에서 일하고 공부할 때에도 하나님의 영광을 나타낼 수 있습니다. 이 땅에는 사업가, 연예인, 화가, 작가, 운동선수, 의사, 요리사, 교사 등 수많은 직업이 있습니다. 우리에게 부어 주시는 재능도 각양각색입니다. 하나님께서 우리 각자에게 이렇게 많은 재능을 부어 주신 이유는 바로 이 재능을 통해 하나님께 영광 돌리라는 의미입니다. 우리는 노래하면서 하나님을 찬양하고, 글을 써 하나님을 전하며, 운동하며 하나님의 영광을 높여야 합니다. 직장에서 일하며 하나님을 찬양하고, 기쁨으로 온 힘을 다해야 합니다.

나눔의 시간

오늘 하루를 되돌아봅시다. 나는 하나님께 영광 돌리는 데에 얼마나 많은 시간을 쓰고 있습니까?

결단의 시간

무엇을 하든지 하나님께 영광 돌리는 삶을 살기 위해서는 그 일에 우리의 욕심이 들어가서는 안 됩니다. 나의 의, 나의 뜻을 버리고 오직 하나님의 영광만 드러나는 신앙생활을 할 것을 결단합시다.

함께하는 기도

하나님 아버지, 무엇을 하든지 하나님께 영광 돌리는 사람이 되게 하여 주옵소서. 주님의 영광을 위해 우리가 헌신하고 결단하도록 인도해 주옵소서. 예수님의 이름으로 기도합니다. 아멘.

암송 말씀

그런즉 너희가 먹든지 마시든지 무엇을 하든지 다 하나님의 영광을 위하여 하라 주

_고린도전서 10:31

주기도문

3월 28일

분함과 노여움

신앙고백 | 사도신경

찬송 | 287, 288장

본문 말씀 | 골로새서 3장 8-10절

> 이제는 너희가 이 모든 것을 벗어 버리라 곧 분함과 노여움과 악의와 비방과 너희 입의 부끄러운 말이라 너희가 서로 거짓말을 하지 말라 옛 사람과 그 행위를 벗어 버리고 새 사람을 입었으니 이는 자기를 창조하신 이의 형상을 따라 지식에까지 새롭게 하심을 입은 자니라

화는 아무리 쏟아내도 끝없이 나옵니다. 어떤 사람은 "화를 눌러 놓으면 병이 생기니 화가 날 때는 화를 내고 풀어야 한다"고 말하지만, 이것은 세상적인 이야기입니다. 화를 내면 풀리기는커녕 더 화가 나고 맙니다. 따라서 우리는 의지적으로 화와 싸워야 합니다.

화의 특징 중 하나는 전염이 된다는 것입니다. 내가 화가 난다고 앞에 있는 사람에게 그 화를 다 표출해 버리면 어떻게 되겠습니까? 그 사람은 말할 수 없는 상처를 받게 될 것입니다. 가정에서도 마찬가지입니다. 아내의 신경질적인 한마디에 남편은 자신감을 잃고, 남편의 격앙된 목소리에 온 가족이 불안에 떱니다. 자녀가 성장기에 겪는 가장 큰 스트레스는 부모의 다툼이라고 합니다. 이는 결국 자녀에게 큰 상처를 남깁니다.

이처럼 화는 혼자 내는 것이지만, 그것이 밖으로 표출되었을 때 주변 사람들에게 끼치는 영향력은 큽니다. 그래서 우리는 화가 날 때 참는 것부터 해야 합니다. 화가 난 상황에서 잠시 자리를 피해 혼자만의 공간으로 들어가야 합니다. 우선은 마음을 가라앉히고, 생각을 정리해야 합니다. 그래도 감정이 정리가 안 된다면 하나님께 말씀하십시오. 평안으로 이끄시는 하나님의 손길을 기대해 보십시오.

나눔의 시간

분노를 조절하지 못해 관계가 깨어진 적이 있습니까? 관계의 회복을 위해 용서를 구하는 시간을 가집시다.

결단의 시간

아직까지도 생각하면 할수록 화가 나는 상황이나 사람이 있습니까? 그날의 일을 잊고 그를 용서하기로 결단합시다.

함께하는 기도

하나님 아버지, 감정에 휘둘리지 않고, 하나님의 말씀에 순종하기를 원합니다. 분함과 노여움의 올무에서 벗어날 수 있도록 우리 마음과 가정에 주님의 자비하심을 허락해 주옵소서. 예수님의 이름으로 기도합니다. 아멘.

암송 말씀

이제는 너희가 이 모든 것을 벗어 버리라 곧 분함과 노여움과 악의와 비방과 너희 입의 부끄러운 말이라 _골로새서 3:8

주기도문

3월 29일

육체의 일을 버리려면

신앙고백 | 사도신경

찬송 | 193, 196장

본문 말씀 | 갈라디아서 5장 19-21절

> 육체의 일은 분명하니 곧 음행과 더러운 것과 호색과 우상 숭배와 주술과 원수 맺는 것과 분쟁과 시기와 분냄과 당 짓는 것과 분열함과 이단과 투기와 술 취함과 방탕함과 또 그와 같은 것들이라 전에 너희에게 경계한 것 같이 경계하노니 이런 일을 하는 자들은 하나님의 나라를 유업으로 받지 못할 것이요

육체에 속한 행위는 하나님께서 미워하시는 것이고, 이런 일을 하는 자들은 하나님 나라를 유업으로 받지 못합니다. 그러므로 우리는 육체의 일을 버리고 승리하는 삶을 살기 위해서 성령님을 환영하고 인정하고 내 안에 모셔야 합니다.

성령님께서 나와 함께하시면 내 삶에 근본적인 변화가 시작됩니다. 우선 악한 원수 사탄과 싸워 이길 수 있는 강한 능력을 갖게 됩니다. 따라서 죄를 이길 수 있는 믿음의 힘이 생깁니다. 그뿐만 아니라 열방에 나가서 복음을 전하는 예수님의 증인으로 쓰임을 받게 됩니다.

중요한 것은 한번 성령 충만했던 경험을 가지고 평생 신앙생활 할 수는 없다는 사실입니다. 성령님께서는 인격체이시기 때문에 우리가 거룩함을 잃고 기도하지 않으면 떠나실 수도 있는 분입니다. 우리는 성령님의 도움 없이는 죄인이었던 옛사람의 모습으로 되돌아갈 수 있습니다.

우리는 날마다 성령 충만하기 위해 노력해야 합니다. 옛사람을 이기고 늘 주님 안에서 변화된 모습으로 살아가야 합니다. 우리가 육체의 일을 버리고 성령님과 늘 동행할 때 우리 삶에서 성령의 열매가 풍성히 맺어질 것입니다.

나눔의 시간

성령님께서 나와 함께하신다는 것을 어떻게 알 수 있습니까? 함께 나눠 봅시다.

결단의 시간

우리가 성령 충만할 때 우리 삶에 성령의 은사들이 나타나고 또한 성령의 열매가 풍성해집니다. 언제나 성령님과 동행하는 삶을 살기로 결단합시다.

함께하는 기도

하나님 아버지, 늘 성령으로 충만한 가정이 되게 하여 주옵소서. 우리가 세상에서 능력 있는 그리스도인의 삶을 살게 하시고, 그 안에서 성령의 열매를 풍성히 맺게 하여 주옵소서. 예수님의 이름으로 기도합니다. 아멘

암송 말씀

그리스도 예수의 사람들은 육체와 함께 그 정욕과 탐심을 십자가에 못 박았느니라
_갈라디아서 5:24

주기도문

3월 30일

성령의 열매

신앙고백 | 사도신경

찬송 | 187, 191장

본문 말씀 | 마태복음 12장 32-33절

> **또 누구든지 말로 인자를 거역하면 사하심을 얻되 누구든지 말로 성령을 거역하면 이 세상과 오는 세상에서도 사하심을 얻지 못하리라 나무도 좋고 열매도 좋다 하든지 나무도 좋지 않고 열매도 좋지 않다 하든지 하라 그 열매로 나무를 아느니라**

영적으로 성장한 사람에게는 예수님의 성품인 성령의 열매가 나타납니다. 성품이 변화되지 않으면 영적 성장을 기대할 수 없습니다. 아직도 내 성격, 내 성질을 그대로 지니며 살고 있다면 갓난아이가 누워서 버둥거리는 것과 같습니다.

우리는 하나님 앞에서 겸손하고 온유해야 합니다. 성경은 "오직 성령의 열매는 사랑과 희락과 화평과 오래 참음과 자비와 양선과 충성과 온유와 절제니 이같은 것을 금지할 법이 없느니라"갈 5:22-23고 말씀합니다. 그러므로 자신의 삶에서 이런 열매가 나타나지 않는다면 부끄러운 구원을 받을 수밖에 없습니다. 예수님을 믿으면 천국에는 갑니다. 그러나 열매가 없으면 부끄러운 구원을 받을 뿐입니다.

우리에게 열매가 없으면 상급도 없습니다. 우리가 봉사를 많이 하고 헌금을 많이 냈을지라도 예수님을 닮은 모습이 없으면 창피를 당하게 됩니다. 예수님께서는 잎사귀만 무성하고 열매는 맺지 못한 무화과 나무를 보고 "이제부터 영원토록 사람이 네게서 열매를 따 먹지 못하리라"막 11:14고 말씀하셨습니다. 열매 맺지 못하는 삶은 의미가 없습니다.

나눔의 시간

부모로서 자녀가 언제 가장 사랑스러운가요? 부모로서 가장 보람 있었던 적은 언제입니까? 그 이유에 대해서 자녀와 마음을 나눠 봅시다.

결단의 시간

부모님께 하는 가장 큰 효도는 성장하는 것입니다. 특별히 우리의 속사람이 성장해야 합니다. 속사람이 성장하기 위해서 필요한 것들은 무엇입니까? 그것들을 위해 결단합시다.

함께하는 기도

하나님 아버지, 성령의 열매를 풍성히 맺는 그리스도인이 되기를 원합니다. 우리 안에 있는 나쁜 습성과 혈기를 모두 버리고, 성령의 열매가 충만한 삶과 가정이 될 수 있도록 인도해 주옵소서. 예수님의 이름으로 기도합니다. 아멘.

암송 말씀

나무도 좋고 열매도 좋다 하든지 나무도 좋지 않고 열매도 좋지 않다 하든지 하라 그 열매로 나무를 아느니라 _마태복음 12:33

주기도문

3월 31일

성령 충만하면

신앙고백 | 사도신경

찬송 | 197, 208장

본문 말씀 | 사도행전 4장 28-31절

하나님의 권능과 뜻대로 이루려고 예정하신 그것을 행하려고 이 성에 모였나이다 주여 이제도 그들의 위협함을 굽어보시옵고 또 종들로 하여금 담대히 하나님의 말씀을 전하게 하여 주시오며 손을 내밀어 병을 낫게 하시옵고 표적과 기사가 거룩한 종 예수의 이름으로 이루어지게 하옵소서 하더라 빌기를 다하매 모인 곳이 진동하더니 무리가 다 성령이 충만하여 담대히 하나님의 말씀을 전하니라

오순절 마가의 다락방에서 있었던 성령님의 강한 임재는 그곳에 모였던 제자들의 삶을 송두리째 바꿔 놓았습니다. 이전에 제자들은 담대하게 말씀을 전하지도, 병자를 고치지도 못했으며, 표적과 이적을 보이지도 못했습니다. 그러나 성령님께서 그들에게 임하시자 그들은 숨어서 기도하지 않았습니다. 거리로 나가 담대하게 하나님의 말씀을 전했습니다.

2천 년 전 오순절 성령 강림 사건은 지금 우리에게도 똑같이 일어나고 있습니다. 성령을 받기 전과 후의 우리 삶은 마가의 다락방에서 모여 기도했던 제자들처럼 180도로 달라집니다. 우리가 성령 충만하면 먼저 기도에 놀라운 능력이 생깁니다. 우리가 기도할 때 성령님께서 우리를 대신해 기도해 주시기 때문에 기적과 표적이 따르게 됩니다. 또한 성령 충만할 때 우리는 하나님의 말씀을 올바로 깨달을 수 있습니다. 그뿐만 아니라 말씀을 담대히 선포할 수 있습니다.

우리가 성령 충만한지를 아는 방법이 바로 성령의 열매입니다. 우리 삶에 언제나 사랑과 희락과 화평과 오래 참음과 자비와 양선과 충성과 온유와 절제의 열매가 풍성히 맺기를 기대합니다.

나눔의 시간

예수님의 사랑을 전해 본 적이 있습니까? 그때 나의 마음은 어땠는지 나눠 봅시다.

결단의 시간

성령님께서 충만히 임재하실 때에 우리는 성령의 열매를 맺을 수 있습니다. 언제나 삶을 거룩하게 지키고 성령님과 함께하는 삶을 살기로 결단합시다.

함께하는 기도

하나님 아버지, 성령 충만한 삶과 가정 되기를 소망합니다. 삶 속에서 성령의 열매를 거두는 믿음의 가정이 되기를 원합니다. 우리의 관심이 하나님께로만 향하도록 인도해 주옵소서. 예수님의 이름으로 기도합니다. 아멘.

암송 말씀

빌기를 다하매 모인 곳이 진동하더니 무리가 다 성령이 충만하여 담대히 하나님의 말씀을 전하니라 _사도행전 4:31

주기도문

Memo.

Memo.

가정예배서

초판 1쇄 발행 | 2013년 12월 16일

지은이 | 이영훈
펴낸곳 | 교회성장연구소
편집인 | 이장석
편집장 | 노인영
기획 및 편집 | 김태희 · 김수현 · 이초롱
디자인 | 박진실
마케팅 | 김미현 · 이경재 · 문기현
쇼핑몰 | 이기쁨
행　정 | 박경희 · 김수정

등록번호 | 제12-177호
주　소 | 서울특별시 영등포구 여의공원로 101번지 CCMM빌딩 9층 901A호
전　화 | 02-2036-7935
팩　스 | 02-2036-7910
웹사이트 | www.pastor21.net

ISBN 978-89-8304-215-6 03230

※ 책 가격은 뒤표지에 있습니다.
※ 잘못 만들어진 책은 바꿔 드립니다.

"무슨 일을 하든지 마음을 다하여 주께 하듯 하라" (골 3:23)

교회성장연구소는 한국 모든 교회가 건강한 교회성장을 이루어 하나님 나라에 영광을 돌리는 일꾼으로 성장하는 것을 목표로, 목회자의 사역은 물론 성도들의 영적 성장을 도울 수 있는 필독서들을 출간하고 있다. 주를 섬기는 사명감을 바탕으로 모든 사역의 시작과 끝을 기도로 임하며 사람 중심이 아닌 하나님 중심으로 경영한다. "무슨 일을 하든지 마음을 다하여 주께 하듯 하라"는 말씀을 늘 마음에 새겨 하나님께서 주신 사명을 기쁨으로 감당한다.